무지개성상담소

무지개 성 상담소

1판 1쇄 2014년 1월 28일 **1판 5쇄** 2022년 5월 4일

지은이 동성애자인권연대·한국게이인권운동단체 친구사이·
    한국레즈비언상담소·한국성적소수자문화인권센터
펴낸이 조재은
편집 박시영 임중혁 김성은 김인정 김지훈 이단비
디자인 신병근 나지은
마케팅 조희정
관리 정영주

펴낸곳 (주)양철북출판사
등록 2001년 11월 21일 제25100-2002-380호
주소 서울시 영등포구 양산로91 리드원센터 1303호
전화 02-335-6407
팩스 0505-335-6408
전자우편 tindrum@tindrum.co.kr
ISBN 978-89-6372-099-9 03370
값 12,000원

무지개

성 상담소

성정체성을 고민하는 아이들에게
어떤 말을 해야 할까?

동성애자인권연대
한국게이인권운동단체 친구사이
한국레즈비언상담소
한국성적소수자문화인권센터
지음

🌏양철북

2009년 11월의 마지막 날은 월요일이었습니다. 그날 밤, 부산에서 모 고등학교를 다니던 열다섯 살 소년은 학교를 가는 대신 자기 목숨을 스스로 끊는 것을 선택했습니다. 그리고 지난 3년 동안 그의 죽음에 대한 책임이 누구에게 있는지를 가리는 재판이 진행되었습니다. 정부의 관리 감독 소홀인지, 학교의 무관심인지, 담임교사의 무능함인지, 급우들의 괴롭힘 때문인지를 법원은 하나하나씩 따져보았습니다.

그는 친구들에게 잔인한 말이나 짓궂은 장난질로 괴롭힘을 당했습니다. 그러다 싸움이 나면 반성문을 함께 써야 했습니다. 교사는 학부모 상담을 했지만, 전학을 보내면 어떻겠냐는 것 외에 별다른 대안을 내놓지 못했습니다. 학교는 학생들을 대상으로 심리검사와 학교폭력 예방 교육을 열심히 했지만, 열다섯 소년이 '죽을 만큼 힘들다'고 토로하는 그 심리검사 결과지에는 정작 응답하지 않았습니다. 이 이야기는 지나간 이야기가 아니라 지금 우리 모두가 감당해야 할 현실입니다.

단지 목소리가 가늘고 여성스럽다는 이유로, 동성 친구에게 호감을 가졌다는 이유로 악의에 찬 소문에 시달리고, 수시로 동성애를 비하하는 폭언과 신체적 괴롭힘을 당했다는 많은 청소년들의 증언은 여전히 들립니다. 여기서 누군가가 진짜 '동성애자인지 아닌지'는 전혀 중요하지 않습니다. 급우들이 그를 괴롭힐 때나 이런 갈등에 학교가 적절한 개입을 하지 않았을 때나, 그 누구도 "저 아이는 동성애자다"라는 확신이 있어서 그런 행동을 한 것은 아닙니다. 이 책에 소개된 여러 사례들을 보아도 알 수 있듯이 '동성애자처럼 보인다'는 것 자체가 이미 낙인입니다. 전형적인 남자나 여자처럼 행동하지 않는다는 것은 놀려도 괜찮은 이유가 됩니다. 친구들에게 '같은 인간'도 아니라는 식의 대우를 받아도 이런 고통과 분노를 털어놓을 곳은 없습니다.

광주의 모 고등학교에서는 지독하게 괴롭힘을 당하던 학생이 결국 참다못해 놀리던 친구를 칼로 찌른 사건도 있었습니다. 누가 피해자이고 누가 가해자일까요? 왜 학교라는 공간에서 폭력과 폭언이 반복되고, 누군가를 죽도록 미워하고, 마침내 자신을 저버리는 일이 생기는 것일까요? 예전에는 높은 빌딩을 짓는 공사장에서나 자주 듣던 '안전'이란 표현은 어느새 학교에서 꼭 필요한 수식어가 되었습니다. '학교는 과연 안전한 공간인가, 학교가 모두에게 안전하려면 무엇을 어떻게 더 해야 할 것인가?' 이것이 이제 우리 모두의 숙제가 되었습니다.

이 책은 이런 현실에 관심을 갖고 학교를 조금이라도 바꾸고자 하는 전국의 학교 교사들과 학교 밖에서 청소년을 직접 만나는 상담가들을 위해 기획되었습니다. 이 책을 공동으로 작업한 인권 단체 4곳은 20여 년 동안 청소년 동성애자, 양성애자, 트랜스젠더 당사자뿐만 아니라 그들의 부모님과 가족, 친구, 선생님 등 많은 주변인들을 만나면서 다각도로 상담을 해왔습니다. 또 청소년들이 학교나 가정에서 어떤 어려움을 겪고 있는지 여러 차례 설문 조사를 실시하는 등 오랜 연구 성과도 쌓아 왔습니다. 하지만 무엇보다 이 책을 펴내게 된 가장 큰 계기는 2011년에 성적소수자 커뮤니티에서 대대적으로 생생한 증언들을 모아 발간했던 〈학교 내 성적소수자 차별 사례 모음집〉입니다.

학교 안에서 또래 친구들의 희롱이나 괴롭힘, 따돌림 등이 예상보다 심각하다는 것을 알았지만, 모음집을 통해 교사들의 차별적인 비하 발언이나 편견을 조장하는 교육 역시 상상을 뛰어넘는다는 사실을 확인하고 놀랐습니다. 특정 대상에 대한 편견과 혐오가 확산되는 것은 사람들이 서로 미워하게 만든다는 점에서 문제가 있습니다. 휴머니즘을 놓친채 '다들 그렇게 생각한다'라는 선입견에 기대면, 오히려 편견은 신념이 되고 혐오는 정의감이 됩니다. 학교는 이 세상의 모든 인간이 존중받을 가치가 있음을 배우는 공간이여야 합니다. 그것이 교육과 상담의 첫 번째 원칙이여야 합니다. 그런데 왜 우리는 지금 청소년들이 고통을 받는 현실을 바꾸지 못하고 있을까요?

교사 직무 연수나 청소년 상담가 교육 과정 등에서 만난 일선 학교 선생님들과 상담가들의 고충을 들으면서 우리는 '공포는 무지에서 비롯된다'는 철학자 에머슨의 말을 떠올렸습니다. 그리고 '선생님들도 무서울 수 있겠구나'라는 것을 깨달았습니다. 선생님들은 청소년들의 성적 지향이나 성정체성, 성별 정체성 등에 대해 따로 자세히 배운 적이 없기 때문에 그런 고민을 듣고 상담하는 것 자체가 막막하고 두렵다는 말을 했습니다. 고민하는 아이들에게 다가가고 싶고 문제가 발생하면 적절히 대처하고 싶지만 어떻게 해야 되는지 자신이 없어 망설여진다는 고민도 털어 놓았습니다. 그래서 저희는 청소년 성적소수자들과 그 주변인들을 위한 상담, 청소년의 다양한 섹슈얼리티와 젠더 표현에 대한 상담, 그리고 고루한 성별 이분법 때문에 발생하는 사건에 대처하는 방법에 대해 현장 교사와 상담가들에게 실질적으로 도움이 되는 가이드북을 만들어야겠다고 생각했습니다. 이런 뜻을 함께하는 인권 단체들이 모여 그동안의 상담 활동 노하우와 생생한 사례를 담아 책을 내게 되었습니다.

이 책은 학교 현장 선생님들이 학생들과 함께 지내면서 부딪칠 수 있는 여러 상황에 보다 중점을 두긴 했지만, 전국의 여러 청소년 상담소의 상담가들과 청소년 복지시설 등의 활동가들에게도 도움이 되리라 생각합니다. 청소년들이 사람들의 편견과 혐오와 차별 속에서 고통을 받고 스스로 삶을 저버리는 일이 없도록 옆에서 지지하고 싶은 분들에게 모쪼록 도움이 되길 바랍니다.

이 책은 한국의 성적소수자 인권 단체 4곳의 활동가들이 모여 거의 2년 동안 서로 경험과 지식과 정보를 나누고 검토하고 살을 붙이는 공동 작업을 통해 완성되었다는 점에서도 큰 의의가 있습니다. 이에 자긍심을 느끼며 책을 세상에 내어놓습니다. 오랫동안 기다려 주고 내용을 함께 고민해 준 양철북출판사에도 감사의 말씀을 드립니다.

2014년 1월 16일
한채윤

차 례

청소년 성적소수자
상담 가이드라인

나는 동성애를 어떻게 생각할까?

01 다음 중 맞는 말이라고 생각하는 문장 앞에 체크해 보세요.

☐ 에이즈는 동성애를 하면 걸린다.

☐ '호모, 동성연애자'라는 표현은 동성애자에게 모욕적인 표현이다.

☐ 남자와 여자가 서로 사랑하는 것은 자연의 섭리이다.

☐ 유럽에는 동성 결혼이 법적으로 인정되는 나라들이 많다.

☐ 동성애자가 된 사람은 성장 과정에서 뭔가 문제를 겪었을 것이다.

☐ 레즈비언(여성 동성애자)은 남자를 싫어한다.

☐ 동성 부모 아래에서 자란 아이들도 이성 부모 아래에서 자란 아이와

   차이를 보이지 않는다.

☐ 남자 동성애자들은 여자가 되고 싶어하고, 여자 동성애자들은

   남자가 되고 싶어한다.

☐ 동성애는 정신병이 아니며 정신과 치료의 대상도 아니다.

☐ 동성애자는 외모부터 뭔가 다르다.

02 다음 중 여러분의 평소 생각과 일치하는 문장 앞에 체크해 보세요.

□ 나는 동성애자 동료와는 원만한 관계를 유지할 수 없을 것이다.

□ 옆집에 사는 사람이 동성애자라면 주변 사람들에게 알리고 대책을
   마련할 것이다.

□ 나는 동성애자로부터 프로포즈를 받을 경우 기분이 나쁠 것이다.

□ 길거리에서 동성 간의 애정 표현을 본다면 매우 불쾌할 것이다.

□ 내 아이가 동성애자라는 것을 알게 된다면 아이를 치료하기 위해
   노력할 것이다.

□ 내 가족 중 한 명이 커밍아웃을 한다면 가족의 인연을 끊을 것이다.

□ 나는 동성애자들의 결혼을 용납할 수 없다.

□ 내 아이의 교사가 동성애자라면 즉각 학교에 항의할 것이다.

□ 성교육에서 동성애에 관한 내용은 불필요하다고 생각한다.

□ 동성애자들의 인권 문제를 언론에서 접하면 불안한 마음이 생긴다.

□ 나는 동성애자들의 모임이나 행사 홍보물을 보면 기분이 나쁘고
   제거하고 싶다.

많은 분들이 "나는 동성애를 나쁘다고 생각하지는 않지만……"이라는 생각을 갖고 있습니다. 하지만 실제로 동성애자를 만나거나 함께 지내게 된다면 어떨까요? 분명히 그것은 동성애를 떠올려 보는 것과는 큰 차이가 있을 것입니다. 체크리스트는 동성애에 대한 관념이나 태도를 되짚어 보기 위한 것입니다.

첫 번째 체크리스트는 동성애에 대한 관념이나 지식에 대한 것입니다. '에이즈는 동성애를 하면 걸린다'라는 문장을 예로 들어볼까요? 에이즈는 혈액이나 체액을 통해 감염될 수 있기 때문에 위 문장은 '거짓'입니다. 하지만 에이즈는 성적으로 문란한 사람들이나 동성애자들이 걸리는 병이라는 편견이 있는 한, 위 문장은 참과 거짓으로만 받아들여지지 않는 것이 현실입니다. 즉 우리가 앞 문장들을 볼 때 이미 단순한 지식으로만 대하지 않는다는 것이죠. 미국 정신의학계에서 동성애를 정신 질환 목록에서 제외한 지 40년이 지났지만, 우리 사회에는 여전히 동성애자 자녀를 정신병원에 데려가는 부모들도 있습니다. 동성애에 대한 무지는 편견을 동반합니다. 편견은 올바로 배우고, 인권에 대한 존중과 지지가 함께할 때 비로소 깨질 수 있습니다.

두 번째 체크리스트는 동성애에 대한 태도에 관해 묻습니다. 달리 말하면 동성애에 대한 '거리감'을 측정하는 것이기도 하지요. 이것은 동성애자가 당신과 같은 공간에서 평등한 관계를 맺을 수 있는가에 대한 질문이기도 합니다. 그냥 옆에 있는 것부터, 내 아이나 가족·동료가 동성애자인 것과 같은 여러 가지 상황 속에서 나는 어느 정도까지는 괜찮고, 어디서부터는 불편한지 생각해 보는 것입니다. 체크리스트의 문장들은 동성애자들이 흔히 겪는 차별과 혐오를 표현한 것일 뿐입니다. 동성애자를 싫어하는 개인적 태도가 어떻게 사회적 혐오로 연결되고, 그것이 성적소수자들의 삶에 어떤 영향을 미치는지를 돌아보면 이 목록이 다시 보일 것입니다.

편견이나 혐오 때문에 동성애자들은 자신이 살고 있는 공간에서 배제되거나 미움을 받고 있다고 느낍니다. 사람들은 동성애를 손쉽게 농담거리로 삼곤 합니다. 그만큼 자기와는 상관이 없다고 생각하기 때문입니다. 우리는 서로의 거리를 좁혀야 합니다. 동성애를 안다는 것은 머릿속에서만 떠올리는 것이 아니라 관계를 맺을 때 시작된다는 것을 꼭 기억하세요.

1부

청소년 성적소수자와
상담하기 전에 알아야 할 것들

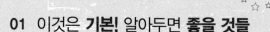

01 이것은 **기본!** 알아두면 **좋을 것들**

동성연애 NO! 호모 NO!

동성애나 동성애자, 게이, 레즈비언이라는 말 대신에 사람들은, 심지어 신문이나 방송에서조차 '동성연애'나 '호모'라는 낱말을 공공연히 사용하곤 합니다. 하지만 잊지 마세요. 동성연애나 호모는 동성애와 동성애자를 비하하는 표현입니다.

　동성애라고 하거나 혹은 그냥 연애라고 해도 될 것을 왜 굳이 동성연애라고 하는 걸까요? 이는 동성 간에는 이성애와 같은 인간관계나 애정이 성립할 수 없다는 전제가 묘하게 깔려 있기 때문입니다. 동성 간에는 육체적 쾌락만을 추구하는 연애질을 할 뿐이라는 것이죠. 물론 그저 더 익숙한 표현이라서 동성연애라는 낱말을 썼을 뿐 동성애자를 비하하려는 의도가 없던 이들도 많을 겁니다. 하지만 언어가 사람의 의식을 규정하는 경우도 있지요. 동성연애라는 낱말은 확실히 동성애를 이성애와는 다르게 느끼게 합니다. 마치 동성애를 도덕적 일탈 행위처럼 여기게 하죠. 우리는 평소에 '이성연애자'와 같은 표현은 쓰지 않으니까요. 이렇게 말하면 많이 어색하겠지요.

호모라는 낱말도 마찬가지입니다. 동성애를 영어로 풀어쓰면 '호모섹슈얼리티Homosexuality'라고 합니다. 이 낱말은 19세기 말에 헝가리의 한 의사가 '같다'라는 의미의 그리스어와 '성'을 의미하는 라틴어를 합쳐 만든 것이죠. 당시에 이 낱말을 쓴 까닭은 남성 간의 성관계를 형법으로 처벌하는 것이 부당하다는 사실을 밝히기 위해서였습니다. 그런데 20세기 이후에는 오히려 호모섹슈얼리티라는 낱말에서 앞부분만을 따서 '호모 새끼'와 같이 동성애자를 폄하하는 욕설로 써온 것입니다. 호모라는 낱말은 동성애자들에게 모욕과 모멸감을 주고, 비하하는 표현이므로 역시 사용하지 않는 편이 좋습니다. 다른 사람이 동성연애나 호모와 같은 말을 의도적으로 혹은 무심결에 쓰는 것을 들었다면 잘못된 표현임을 꼭 알려 주세요. 이는 동성애에 대한 편견을 그대로 드러내 상대 마음에 상처를 주는 언어폭력이 될 수 있으니까요.

LGBT? 퀴어? 이 암호 같은 낱말은 무엇인가?

'LGBT'라는 낱말이 생소할 수도 있지만 외국에서는 흔히 쓰는 용어로 앞으로 점점 더 많이 접하게 될 것입니다. 이 말은 레즈비언Lesbian, 게이Gay, 바이섹슈얼Bisexual, 트랜스젠더Transgender의 앞 글자를 따서 만든 용어입니다. 1990년대부터 미국을 비롯한 영어권 국가에서 주로 쓰이기 시작했는데, 지금은 '요그야카르타 원칙'과 같이 국제 인권 기준을 정할 때도 사용하고 있습니다. 한국에서도 '서울 LGBT 필름 페스티벌'이나 'LGBT 포럼'과 같은 행사 이름에 많이 쓰이고 있죠.

여성 동성애자를 뜻하는 레즈비언은 그리스 앞바다에 있는 레스보스라는 섬에서 유래한 낱말입니다. 레스보스 섬은 고대 그리스의 4대 서정 시인 가운데 한 명으로 손꼽히는 사포가 살았던 곳입니다. 유명한 여류 시인이었던 사포는 여성에게 바치는 사랑 시를 많이 썼는데, 이런 사포를 기리는 뜻에서 그가 살았던 섬 이름을 따서 여성 동성애자를 의미하는 낱말이 만들어졌습니다.

게이는 남녀 동성애자 모두를 지칭하는 일반적 용어이기도 하지만 보통은 남성 동성애자를 뜻합니다. 게이의 첫 번째 사전적 정의는 즐겁고 행복하다는 뜻의 형용사이지만, 동성애자들은 이를 동성애자를 뜻하는 은어로 오랫동안 사용했습니다. 지금은 사전에 명사형으로도 등록된 일상용어가 되었습니다.

바이섹슈얼은 애정적, 낭만적, 육체적, 정서적인 끌림이 남성과 여성 모두에게 향할 수 있는 양성애자를 뜻합니다. 동성애자는 동성에게만, 이성애자는 이성에게만 주로 끌리는 반면, 양성애자는 끌리는 상대의 성별이 동성일수도, 이성일 수도 있습니다. 그런 탓에 사람들은 양성애자를 동성애자와 이성애자 사이를 방황하는 사람으로 오해하기도 하지만 이는 잘못된 생각입니다.

마지막으로 트랜스젠더는 태어났을 때 사회가 생식기 모양에 따라 정한 성별과 자신이 스스로 인식한 성별이 다른 이들을 뜻합니다. 사람들의 상상과는 달리 외모나 복장, 행동을 보고 트랜스젠더인지 아닌지 구분할 수 없습니다. 호르몬 투여나 수술과 같은 의료직 조치를 받았다고 해서 꼭 트랜스젠더인 것도 아닙니다. 핵심은 자신의 인식이니까요.

LGBT는 성적 지향이나 성별 정체성으로 인해 사회적으로 차별받는 이들을 대표해서 부르는 말입니다. 이와 비슷하게 쓰이는 낱말 가운데 하나가 '퀴어Queer'입니다. 퀴어의 사전적 의미는 '이상한, 기묘한'이란 뜻으로 처음에는 동성애자를 비하하는 용어로 썼습니다. 하지만 1990년대부터 성적소수자들이 긍정적인 뜻으로 바꿔 사용하기 시작했습니다. 성별 이분법에 부합하지 않는 것, 이성애적이지 않은 것, 이성애자가 아니라는 것은 차이일 뿐 정상과 비정상을 나누는 기준이 아님을 지적하죠. 요즘 이 용어는 퀴어 이론, 퀴어 영화와 같이 학술적 영역에서도 쓰이고 있습니다.

24

성적소수자란 누구인가?

성적소수자性的少數者는 섹슈얼 마이너리티Sexual Minority를 옮긴 말로 성소수자라고도 합니다. 성적소수자는 사람마다 그 정의와 범위가 조금씩 다르기도 하지만 보통은 동성애자, 양성애자, 트랜스젠더를 아우르는 의미로 가장 널리 쓰입니다.

성적소수자의 반대말은 성적다수자가 아닙니다. 왜냐하면 여기서 '소수자'는 수적으로 적다는 의미가 아니라 사회의 주류가 아니어서 권력에서 배제되고 소외되었다는 의미이기 때문입니다. 예를 들어 흑백 인종차별이 심한 국가에서 흑인들을 인종적 소수자라고 부르는 이유가, 백인보다 수가 적어서가 아니라 백인 우월주의 사회에서 백인들이 핵심 권력을 모두 쥐고 있기 때문인 것과 같습니다. 그래서 흑인 인권 운동은 인종 간에 우열을 따지거나 피부색으로 사람을 차등 대우하는 것은 차별이며 인권 침해임을 지적하며 싸웠습니다. 백인 우월주의라는 이데올로기의 문제점을 파헤치고, 훼손되어서는 안 될 인간의 존엄성을 강조했지요.

성적소수자 권리 운동도 이와 같습니다. 지금 우리 사회는 이 세상 모든 사람이 이성애자여야 하고, 이성애만을 해야 한다는 이성애중심주의 이데올로기가 강합니다. 동성애자와 트랜스젠더를 같은 인간으로, 같은 한국 사회의 시민으로 존중하는 대신 변태로 취급하고 무시하며 존재 자체를 지워버리려고 하지요. 그러므로 성적소수자 권리 운동의 목적은 '모두를 위한 자유와 평등'의 실현을 바라는 목소리를 높이는 데 있습니다. 다수결이라는 민주주의 원칙에 따라 소수자들이 지나치게 자기 의견을 주장해서는 안 된다거나 동성애자들이 어느 정도 차별을 받는 것은 어쩔 수 없다는 류의 논리가 궤변임을 알 수 있습니다. 당연히 성적소수자를 향한 조롱, 따돌림, 폭언과 폭력, 해고와 같은 차별이 신의 뜻도 아니겠지요.

커밍아웃과 아웃팅은 무엇이 다를까?

커밍아웃Comingout이란 말은 '벽장 밖으로 나오다To come out of the closet'라는 문장에서 유래했습니다. 아마 어두운 붙박이장에서 문을 열고 밝고 환한 바깥으로 나오는 장면이 연상될 텐데요. 자신을 숨기고 거짓되게 살라는 압박을 벗고 자신의 성적 지향과 성별 정체성을 긍정하고 밝히는 모습을 생각하면 됩니다. 동성애자와 양성애자 그리고 트랜스젠더가 커밍아웃을 하는 이유는 더 솔직하고 당당하게 긍정적으로 살기 위해서 입니다. 이렇게 말하지 않으면 세상은 당연히 이성애자라고 여기고 이성애자로, 생물학적 성별로 살아갈 거라고 쉽게 기대하고 또 강요하기도 하니까요.

다시 말해 커밍아웃은 숨겼던 사실을 드러내는 부끄러운 고백 같은 것이 아니라, 오히려 숨기면서 살라는 부당한 요구에 대한 실존적 저항에 더 가깝습니다. 또한 솔직한 모습으로 좀 더 주변 사람들에게 가까이 가려는 노력이기도 합니다.

아웃팅Outing은 커밍아웃과는 달리 본인의 의사와 상관없이 타인에 의해 성정체성이 알려지는 경우를 말합니다. 다시 말해 아웃팅은 폭로나 누설에 가깝다고 할 수 있지요. 성적소수자에 대한 편견과 차별이 강한 사회일수록 아웃팅은 단순한 폭로가 아니라 심각한 범죄로 이어질 가능성이 높습니다. 그래서 더 주의가 필요하죠. 누군가 별 나쁜 의도 없이 "그 사람은 동성애자야"라고 말했을지라도 그 사실을 알게 된 다른 사람들은 오히려 그 점을 악용할 수도 있기 때문입니다. 그래서 때때로 성적소수자들은 부모님께 알리거나 학교에 소문을 내겠다는 협박이나 금품 갈취, 성폭력 등의 피해를 받기도 합니다.

동물도 동성애를 할까?

동성애 논쟁이 벌어지면 '동물도 안하는 짓을 인간이 해서는 안 된다'는 주장을 펼치는 이들이 있습니다. 동물은 인간과 달리 발정기가 따로 있어서 평소에 서로 관심도 없다가 발정기가 되면 수컷과 암컷이 서로를 맹렬하게 찾아 불과 몇 분도 되지 않는 짧은 의식을 끝낸다고, 그 뒤로는 오로지 새끼를 낳는 일만 남는다고 우리는 배워 왔습니다. 동물에게는 단지 상대가 너무 사랑스러워 섹스를 하는 일은 없으므로, 생식과 상관없는 동성애 따위가 있을 리 없다는 것이죠.

하지만 자연의 오묘함은 인간의 이런 추측을 늘 뛰어넘지요. 미국의 동물학자 부르스 바게밀은 10년에 걸쳐 동물들을 관찰한 결과 동성애를 하는 동물이 적어도 470종 이상이라는 사실을 발표했습니다. 벼룩부터 딱정벌레, 백조, 펭귄, 돌고래, 해마뿐만 아니라 타조와 기린, 그리고 오랑우탄, 원숭이까지 다양합니다. 특히 인간과 가장 가까운 유전자를 가졌다는 영장류 보노보의 동성애는 아주 유명하지요. 보노보는 동물 가운데 발정기와 상관없이 섹스를 나누는 극히 드문 존재일 뿐 아니라, 놀랍게도 인간처럼 마주보고 성행위를 하며 서로 친밀감을 나누기 위해 섹스를 합니다. 1997년에 미국 캐럴대의 앤 퍼킨스 교수는, 암컷과는 관계를 맺지 않고 수컷끼리만 관계를 갖는 숫양이 전체 10%에 이른다는 놀라운 연구 결과를 발표하기도 했죠. 뉴욕 맨하탄 동물원의 수컷 펭귄 두 마리의 사랑도 유명합니다. 로이와 사일로라는 이 펭귄 커플은 다른 암컷의 알에서 태어난 탱고라는 아기를 지극정성으로 길러서 사육사들을 감동시켰고, 이 실화는 마침내 동화책으로 만들어지기까지 했습니다.

이렇게 본다면 '동물도 안 하는 짓'은 동성애가 아니라, '동성애자나 이성애자로 나눠 동성애자에겐 폭력과 차별을 가하는 짓'이 아닐까 싶습니다. 동물의 세계에서 동성애는 발견되지만 동성애를 한다는 이유로 무리에서 따돌리는 일은 아직 발견되지 않았으니까요.

동성애자는 몇 명이나 될까?

한국의 동성애자 인구를 정확하게 파악하는 일은 거의 불가능합니다. 왜냐하면 인구수를 파악하기 위해서는 설문 조사를 하는 방법밖에 없는데 설문지의 구성과 내용, 조사 방식에 따라 결과가 매번 달라지기 때문입니다. 예를 들어 설문지에 '당신은 동성애자입니까?' 라고 질문하면 설사 동성 애인이 있어도 자신의 성정체성을 인정하지 않는 사람은 표시하지 않을 것이고, 동성애자라는 낱말을 모르는 사람도 역시 답변할 수 없습니다. 그렇다고 설문지에 '당신은 동성과 사랑을 한 적이 있습니까?'라고 물으면 사랑이 어떤 감정까지 포함하는지를 사람마다 다르게 생각하고 답변할 수 있습니다. '동성과 섹스를 한 적이 있느냐'라는 질문 역시 마찬가지입니다. 동성과의 성경험이 있다고 해서 모두 동성애자는 아니며, 동성애자라고 해서 모두 성경험이 있는 것도 아니기 때문입니다. 또한 설문 조사를 익명으로 진행할지, 일대일 방문 면접으로 할지에 따라서도 결과는 달라질 것입니다. 동성애자라고 주위에 알려지는 것이 아직 위험한 한국 사회에서 솔직하게 답변하기가 어려울테니까요. 그러므로 사회의 동성애자 인구는 실제로 고정되어 있더라도, 얼마나 그 사회가 성적 다양성을 존중하고 개방적이며 인권 의식이 높은가에 따라 동성애자로 자신을 드러내는 사람들의 수가 바뀔 수밖에 없습니다.

더 다양한 용어 풀이

인터섹슈얼 Intersexual

간성間性이라고도 한다. 해부학적으로 볼 때, 남성인데 난소가 있다거나 남녀의 생식기가 모두 있다거나 하는 등 전형적인 여성과 남성의 생식기적 특징을 동시에 가지고 태어난 사람들을 지칭한다.

무성애자 Asexual

누구에게도 성적 끌림을 느끼지 않거나 성적 활동에 관심이 매우 낮거나 없는 사람들을 뜻한다. 하지만 끌림이 없다는 것이 인간에게 무관심하다거나 성적 불감증을 의미하진 않는다. 인간의 자연스러운 섹슈얼리티 중 하나다.

범성애자 Pansexual

생물학적 성인 섹스와 사회적 성인 젠더에 관계없이 성적, 낭만적, 정서적으로 이끌리는 사람을 말한다. 남성과 여성 모두에게 끌리는 양성애자와 다르게 상대의 성을 이분법적으로 구분하지 않는다.

퀘스처너리 Questionary

정체성을 탐색하는 과정에 있거나 본인의 의지에 따라 성정체성에 대한 규정을 하지 않는 사람들을 의미한다.

크로스드레서 Crossdresser

이성 복장 선호자로 번역된다. 이성 복장을 즐기는 사람을 말하며 과거에 쓰였던 '복장 도착자'는 이를 비하하는 표현이다. 트랜스젠더는 자신의 성별에 맞는 옷을 입고, 크로스드레서는 성별을 바꾸지 않고 이성의 옷을 입는다는 점에서 다르다. 크로스드레서는 이성애자 남성이 가장 많다.

시스젠더 Cisgender

트랜스젠더가 아닌 사람을 뜻한다. 트랜스젠더라는 용어만 쓰는 것 자체가 트랜스젠더는 비정상이고 트랜스젠더가 아닌 사람이 정상이라는 편견을 강화한다는 점에서 비트랜스젠더nontransgender에 '같다'는 의미를 지닌 cis를 붙여서 시스젠더라고 한다.

《미녀와 야수》라는 동화를 보면 사람들은 야수가 다른 사람들을 해치지 않는데도 외모만 보고 위험인물로 낙인을 찍어버리죠. 이처럼 편견의 가장 큰 문제점은 한 개인이나 집단에 대해 무조건적으로 나쁜 감정을 갖게 한다는 것입니다. 또한 상대에 대해 모르는 것이 많은데도 무엇을 모르는지조차 인식하지 못하게 하죠. 그래서 자신도 모르게 편견의 대상에게는 공평한 기회를 주지 않는 차별을 하게 되는 것입니다. 이번 장에서는 동성애에 관한 흔한 편견들을 설명하고자 합니다. 언뜻 들으면 그럴싸하게 들렸던 이야기들! 하지만 다시 생각해 보면 허점 투성이인 것들요.

청소년은 미성숙하기 때문에 동성애를 멀리해야 한다?

청소년 동성애, 혹시 이렇게 생각하세요?

• 청소년기 동성애는 우정과 사랑을 혼동하는 것이기 때문에 성
  인이 되면 없어지는 일시적인 현상이다?

• 만화, 영화, TV 드라마 등 동성애를 다룬 매체를 자주 접하면
  동성애자가 될 확률이 높다?

• 어떻게 동성애자가 되었을까? 상담과 치료를 통해 이성애자가
  될 수는 없을까?

• 동성애자는 변태적이고 비정상적인 이상행동을 한다는데 다른
  학생들에게 영향을 주지 않을까?

• 동성과 성관계를 하면 동성애자가 되는 것이 아닐까?

청소년기는 내가 누구인지를 구체적으로 고민하는 시기라고 하지
요. 그래서 성정체성을 고민하는 청소년들에게 인간의 섹슈얼리티
에 대한 다양한 정보와 지식을 제공하는 것은 중요합니다. 하지만
이상하게 현실은 이와 정반대입니다. 이성에게 끌리는 것 말고 다른
모든 것은 비정상이고 웃음거리, 놀림거리가 되지요. 학교는 아이들
의 성정체성을 함께 고민하는 대신 개인이 감내해야 할 문제로 다루

며 도리어 아이들을 학교 밖으로 내모는 듯합니다.

어떤 사람들은 청소년들이 우정과 사랑을 혼동해서 동성애에 빠진다고 말합니다. 그래서 동성애는 성인이 되면 없어지는 일시적인 현상이라고 하죠. 여기서 이런 의문이 듭니다. 과연 청소년들은 우정과 사랑을 착각해서 자신의 성정체성에 대한 깊은 고민에 빠지는 걸까요? 그렇다면 청소년들이 사랑을 우정으로 착각해서 문제인가요, 우정을 사랑으로 착각해서 문제인가요? 어리거나 미숙해서라면 양쪽 모두를 염려해야 하지 않을까 싶습니다.

그런데 우리는 사랑을 우정으로 착각한 경우보다 우정을 사랑으로 착각해서 동성애를 하는 것을 더 경계합니다. 동성애자가 아니라면 잠시 동성 친구를 좋아할 수는 있겠지만 결국은 자연스럽게 자신의 성정체성을 찾아가겠지요. 무엇보다 선천적인 이성애자가 동성애를 할 리는 없을 테니까요. 어차피 성인이 되면 바뀔 일시적인 거라면 왜 굳이 동성을 좋아한다는 이유만으로 청소년들을 처벌하고 비난하는 걸까요?

동성애를 다룬 매체를 자주 접해서, 혹은 매체에서 동성애자를 멋있게 다뤄서 동성애에 빠진다고 주장하는 이들도 있지만 이는 정말 허무맹랑한 상상입니다. 그렇다면 이성애자도 이성애를 다룬 동화를 어릴 때부터 너무 많이 읽어서 이성애자가 되었다고 말해야 할 테니까요. 사실 동성애를 멋있게 다룬 드라마보다 이성애를 달콤하게 다룬 드라마가 훨씬 더 많습니다. 이를 생각하면 동성애를 다룬 매체는 동성애자가 아닌 사람을 동성애자로 만드는 것이 아니라, 동성애에 대한 사람들의 무지와 편견을 줄일지, 늘릴지에 영향을 끼치지 않을까요?

최근 미국 캘리포니아 주 상원 의회는 18세 이하 청소년에게 동성애자를 이성애자로 전환하는 상담과 치료 시도를 금지하는 법안을 통과시켰습니다. 성정체성을 억지로 바꾸려고 하는 데서 오는 폐해가 훨씬 더 크고, 이것이 사회 문제가 된다는 것을 통감했기 때문이지요.

2010년에 미국에서 시작된 '더 나아질 거야It gets better' 프로젝트도 같은 이유입니다. 성적소수자 인권 수준이 높다는 미국에서도 청소년 성적소수자들의 안타까운 죽음이 계속되자, 이들에게 전달하고 싶은 희망의 메시지를 각자 영상으로 만들어 인터넷에 올리는 프로젝트가 제안된 것입니다. 현재까지 버락 오바마 대통령, 힐러리 클린턴 국무장관을 포함한 여러 정치인과 연예인, 예술가, 평범한 시민들의 참여가 이어지고 있습니다. 이제는 세계적인 운동이 되어 만여 편 이상의 영상이 인터넷에 게재되어 있습니다.

한국은 어떨까요? 2004년 4월 청소년보호위원회는 오랜 논의 끝에 청소년보호법에서 동성애를 청소년 유해 매체로 규정한 심의 기준을 삭제했습니다. 동성애가 청소년에게 유해하다는 생각이 편견이었음을 인정한 것이죠. 그 후 2011년 〈친구사이?〉라는 남성 동성애자들의 삶을 그린 영화가 동성애를 묘사했다는 이유로 청소년

관람 불가 등급을 받은 사건도 있었지만, 이 역시 행정 소송을 통해 "이 영화가 청소년에게 유해하지 않고 오히려 교육적"이라는 법원의 판결을 받아내기도 했습니다. 그런데도 여전히 동성애를 긍정적으로 다루기만 하면 드라마든 쇼 프로그램이든 심지어 시사 다큐멘터리까지 청소년에게 유해하다고 비난하며 방송 금지를 요구하는 모임이 있습니다. 이런 목소리는 청소년을 보호하는 것 같지만, 실제로는 청소년을 감정과 생각이 있고 자기 판단력이 있는 주체적인 인간으로 보지 않는 것입니다.

만약 그 모임 주장대로 청소년 시기가 아이에서 어른으로 성장해 가는 시기라면 오히려 자신의 문제를 스스로 생각하고 결정할 수 있도록 도와야 하지 않을까요? 동성애를 무조건 나쁜 것으로, 한때 지나가는 감기처럼 치부하는 교육과 사회 분위기가 청소년들을 더 혼란스럽게 만듭니다. 청소년은 동성애 때문에 불행한 것이 아니라 동성애를 무조건 나쁘다고 말하는 사람들 때문에 불행해지는 것입니다. 수많은 청소년들이 자기 감정을 온전히 이해하지 못한 채로 죄책감에 시달리게 하는 지금의 현실이 진정 더 좋다고 이야기할 수 있을까요?

동성애자가 되는 이유는 따로 있다?

지금까지 나온 각종 동성애 원인론, 과연 맞는 걸까?

- 나이 많은 동성애자들이 아이들을 유혹해 동성애에 빠져들게 한다.

- 젊은 동성애자들은 동성애를 하는 친구에게 영향을 받거나 주위에서 동성애가 이루어지는 것을 보고 동성애에 빠져든다.

- 이성에게 인기 없는 사람이 동성애에 빠져들기 쉽다. 이는 레즈비언 가운데 여성적인 매력이 전혀 없는 사람이 주로 남성 역할을 한다는 사실 등에서 입증된다.

- 주위에 동성 밖에 없는 생활을 계속하면 동성애에 빠진다.

- 게이는 남성호르몬이, 레즈비언은 여성호르몬이 부족해서 동성애자가 된다.

- 동성애는 성장 과정에서 부자 관계, 부녀 관계 등 부모, 자식과의 관계가 정상적이지 못해 생긴 심리적인 병이다.

- 남자아이를 여자아이처럼 키우거나 혹은 그 반대로 키우면 동성애자가 된다.

- 가정이나 직장에서 제대로 된 남자 구실 못하는 남성과 아내나 엄마가 되는 것을 두려워하는 여성이 동성애자가 된다.

- 동성애는 개인의 성적 취향이다. 사람은 누구나 자기가 원하는 물건을 사고 기호 식품을 사 먹듯이 성적 대상도 자기 취향대로 고를 수 있다.
- 동성애는 선천적이며 유전된다.
- 동성애자 수가 적은 것은 자연스러운 동성애 욕망을 사회가 억압하고 있기 때문이다. 사회가 동성애를 전면적으로 환영하면 누구나 자연스럽게 동성애자가 될 것이다.
- 동성애가 유전되는 것은 아니지만 태아일 때 신경계통 이상으로 출생하면서 동성애 기질을 갖고 태어난다.

흔히 동성애자가 되는 특별한 원인이 있을 거라고 믿습니다. 학자들은 그러한 세간의 믿음을 증명하기 위해 오래 전부터 연구를 해 왔습니다. 그동안 여러 가지 원인론이 발표되기도 했지요. 하지만 그 많은 원인론 가운데 현재 학계에서 공식적으로 인정한 원인론은 없습니다. '동성애는 비정상'이라는 전제 아래에서 시작한 연구들은 모두 객관성과 과학적 논리가 부족했기 때문입니다.

먼저 생물학적 원인이 있다고 보는 주장부터 살펴봅시다. 어떤 학자는 쌍둥이 연구를 통해 동성애의 유전적 요인을 밝히려고 했지만 표집 집단이 넓어질수록 별다른 연관성을 찾을 수 없었습니다.

호르몬 구성에서도 동성애자들은 이성애자들과 전혀 차이가 없었죠. 게이에게 남성호르몬을 투여한다고 해서 이성애자가 되는 건 아니었습니다. 뇌의 시상하부 차이를 주목한 연구도 있었지만 역시 차이가 없었습니다.

한편 정신분석학적으로 동성애의 원인을 밝히려는 시도를 한 학자들도 있었습니다. 이들은 동성애가 인간의 성적 발달 과정에서 어떤 정신적 외상 때문에 성적 기능이 변한 것이라고 했습니다. 그러나 이러한 관점 역시 이미 동성애를 이성애보다 미숙한 것으로 전제하고 시작했다는 점에서 문제가 있습니다. 더군다나 이런 관점은 동일한 가족 관계에서 어떤 이는 이성애자로, 또 다른 이는 동성애자로 자라는 이유를 설명하지 못합니다.

또 어떤 이들은 동성과의 경험이 만족스러웠다거나 이성과의 경험이 불만족스러워 동성애를 선택한다고 설명하기도 합니다. 남성에게 성폭력을 당한 경험이 남성 혐오증을 만들어 이성애를 하지 못하게 되었다든지, 기숙사·교도소·군대 등에서 겪은 일시적인 동성애 경험이 동성애를 강화한다고 주장하기도 합니다. 하지만 이 역시 같은 경험을 가진 모든 사람이 동성애자가 되는 것은 아니라는 점에서 설득력이 없습니다. 또 다른 연구에서는 동성애자들보다 이성애자들이 사춘기 때 동성애적 행위를 한 경우가 더 많다고 밝히기도 했습니다. 이는 단지 학습을 통해 동성애자가 되는 것이 아님을 증명합니다.

많은 사람이 동성애자가 되는 이유를 밝혀내고자 했고, 이 연구는 여전히 진행 중입니다. 이러한 연구는 잘못된 편견을 만들어 낼 뿐만 아니라 이내 편견이 사실처럼 여겨져 동성애자 차별에 정당성을 부여하기도 합니다. 그동안 동성애자들은 치료 명목으로 뇌 일부가 잘리거나 거세, 전기 충격 치료와 같은 폭력적인 임상 실험에 희생양이 되기도 했습니다.

동성애 원인론은 대체로 불행한 환경 탓에 동성애자가 된다는 인식을 바탕으로 합니다. 그렇기 때문에 동성애 정체성을 고쳐서 정상적인 이성애 정체성을 되찾아야 행복해진다는 결론으로 나가게끔 합니다. 그러나 동성애에 어떤 원인이 있다는 관점은 실제로 동성애자를 이성애자로 바꾸지도 못하고, 성적소수자들이 자신의 정체성을 찾아가는 과정에도 전혀 도움이 되지 않습니다. 왜 이성애의 원인은 찾지 않으면서 동성애의 원인만 이토록 집요하게 찾으려 하는지 이것부터 먼저 곰곰이 생각해 봐야 하지 않을까요?

동성애를 혐오하는 건 개인의 자유다?

학생인권조례나 차별금지법과 같이 우리 사회가 지켜야 할 차별 금지 사유를 정할 때에 성적 지향과 성별 정체성을 포함하는 것을 절대 반대하는 이들이 있습니다. '바른성문화를위한국민연합'과 같은 단체는 2010년 김수현 작가가 쓴 드라마 〈인생은 아름다워〉가 동성애를 미화한다며 이를 비난하고 동성애를 극히 부정적으로 묘사하는 광고를 신문에 내기도 했습니다. 이들은 "학교에서 동성애가 잘못된 것임을 가르칠 수 있어야 하며 동성애를 나쁘다고 생각하는 개인의 의견을 피력하는 것은 표현의 자유로 보장되어야 한다"고 주장합니다. 실제로 많은 분들이 '동성애자들이 동성애를 하는 것은 자유지만 자신의 눈에 띄지는 말라'며 동성애를 싫어하는 것도 개인의 자유라고 말합니다. 다른 사람과 다른 의견을 가질 자유가 모든 인간에게 있다는 것은 맞는 말입니다. 하지만 그 의견이 인간의 존엄성을 훼손하거나 혐오와 폭력, 증오를 부추기고 잘못된 정보와 지식을 제공하여 누군가를 위험에 빠지게 한다면, 그 의견의 표출을 제한하는 것이 사회적으로 필요합니다. 가령 히틀러에 대한 재평가는 표현의 자유로 논의될 수 있지만, 아리안 인종의 우수성을 보존하기 위해 타 인종을 모두 멸종시켜야 한다는 히틀러의 발언까지 표현의 자유로 허용되지는 않습니다. 대학살의 비극을 통해 우리 모두가 분명하게 배운 것이기도 하지요.

외국인이나 이민족에게 갖는 비합리적인 배척이나 증오를 제노포비아Xeniphobia라고 하듯이 동성애자와 대면했을 때 느끼는 공포 또는 동성애자에 대한 극단적인 분노와 혐오를 호모포비아Homophobia라고 합니다. 조지 와인버그라는 심리학자가 1970년대에 제안한 말이죠. 동성애 혐오는 이성애가 동성애보다 우월하고 훨씬 가치 있는 일이며 남녀 간의 사랑은 숭고하지만 동성 간의 사랑은 비자연적이며 신의 뜻을 거스르는 행위라고 믿는 것에서 비롯됩니다. 그래서 동성애자를 괴롭히거나 죽여도 되는 존재로까지 여기게 합니다. 브라질에서만 공식적으로 연간 250여 명의 동성애자들이 살해당합니다. 상대적으로 동성애를 수용하는 것처럼 보이는 미국과 유럽에서도 방화, 구타, 살해 같은 극단적인 혐오 범죄가 잇따릅니다. 아프리카에서는 동성애를 타락한 서구에서 들어온 백인병으로 규정하고 아프리카적 정체성을 지킨다는 명목으로 동성애를 반대합니다. 남아프리카에서는 레즈비언들을 이성애자로 교화시킨다는 명분 아래 교정 강간과 살해가 빈번히 일어납니다. 또 우간다에서는 동성애자를 무기징역까지 처벌하는 법을 만들었고, 동성애자들의 신상을 폭로하면서 이들을 목매달자고 선동하는 기사 때문에 실제 동성애자 인권 활동가가 살해당하기도 했습니다. 최근 러시아에서는 동성애에 관한 이야기를 공공장소에서 언급하거나 동성애자 인권 운동을 하는 것조차 금지하는 '동성애 선전금지법'을 제정하기도 했지요.

한국도 이제 갈림길에 서 있는 듯 보입니다. 역사상 유래 없이 동성애 혐오가 조직화되고 있습니다. 바른성문화를위한국민연합은 2013년에 〈동성애 옹호 교과서의 문제점을 알아보자〉라는 만화를 인터넷에 연재하기도 했지요. 이 만화는 동성애를 도벽과 비교하고 에이즈의 온상으로 다루는 등 왜곡된 정보와 비합리적 논리로 동성

애자에 대한 차별을 정당화합니다. 그러나 인권 침해라는 지적에도
이 만화는 여전히 인터넷에 게재되어 있습니다. 특정 대상에 대한
혐오를 조장하는 것이 정말 표현의 자유에 해당할까요?

동성 결혼을 허용하면 가족이 붕괴될까?

동성 결혼의 법제화를 반대하는 이들은 동성 결혼을 허용하면 가족
이 붕괴되고 사회적 혼란이 올 것이라고 예언합니다. 결혼은 전통적
으로 남녀의 결합이며 이는 신의 뜻이고 자연의 법칙이며 음양의 조
화라는 것이죠. 특히 결혼은 인류 보존과 영속성을 위한 제도이므로
동성 결혼을 인정하면 출생률이 낮아지는 등 문제가 심각해져 국가
안위까지 위협하게 된다고 주장합니다. 동성애가 아닌 이성애를 하
면 되는데 굳이 동성애를 선택해 이성 간 결혼과 동등한 권리를 달
라고 하는 것은 욕심이라며 불편함을 감수하든지 동성애를 하지 말
든지 둘 중 하나를 택해야 한다고도 합니다. 하지만 정말 동성 결혼
이 법적으로 가능해지면 출생률이 떨어지고 가족과 사회와 국가가
붕괴될까요?
　　캐나다, 덴마크, 네덜란드, 벨기에 등 동성 결혼을 인정한 국가의
출생률은 오히려 우리보다 높습니다. 세계에서 가장 먼저 동성 결혼
을 인정한 네덜란드만 해도 한국보다 출생률이 1.7배 가량 높습니다.

한국의 출생률이 떨어지는 이유는 동성애자가 늘어서라기보다 오히려 경제적 부담과 출산 및 육아를 뒷받침하는 사회보장이 턱없이 부족하기 때문이라는 말이 더 타당해 보입니다.

그리고 지구상의 꽤 많은 국가들이 이미 동성 부부에게 이성 부부와 유사한 법적 보호와 혜택을 주는 제도를 시행하고 있습니다. 이성 결혼과 같은 동성 결혼을 허용하는 국가는 네덜란드를 시작으로 덴마크, 노르웨이, 벨기에, 스페인, 스웨덴, 캐나다, 남아프리카공화국, 포르투갈, 아이슬란드, 아르헨티나, 프랑스, 우루과이, 뉴질랜드, 영국 등 15개국이 넘습니다. 이외의 유럽과 아메리카 대륙의 대부분 국가에서는 이성 결혼과 유사한 정도의 혜택을 주는 '파트너십 등록법'을 시행하고 있습니다. 이들 국가에서 동성 결혼으로 인해 가족이 무너지고 사회가 혼란스러워졌다는 뉴스를 들은 적이 있나요?

동성애자가 자녀를 기르면 아이도 동성애자가 된다거나 혹은 동성애자가 자녀를 성적으로 학대할 것이라며 동성 커플의 결혼과 입양, 인공 수정 등을 모두 반대하는 이들도 있습니다. 하지만 동성애자의 입양권을 인정하는 수많은 국가에서 이런 문제점을 간과하고 법을 제정했을 리는 없겠지요. 미국소아과학회AAP는 이미 2002년에 동성 부부의 아이들이 이성 부부의 아이에게 뒤지지 않는다는 풍부한 자료를 제시하며, 아동의 복지 향상을 위해서라도 동성 부부의 입양을 지지한다는 성명서를 발표하기도 했습니다. 동성애자의 입양권이 정치적 논쟁이 된 이후로 지난 30여 년간 동성애자가 키운 아이가 심리적 문제를 안고 동성애자가 되거나 동성 부부가 이성 부부보다 좋은 부모가 되지 못함을 입증한 연구는 없습니다. 이렇게 보면 동성애자의 입양에 대한 이런 편견은 우리 사회의 오래된 한 부모 가정에 대한 편견과 비슷합니다. 정상 가족이라는 환상에 빠져 이에 부합하지 않으면 문제가 많은 결손 가정으로 낙인찍었던 것처럼 말입니다.

독일이 동성애자에게도 이성 간 사실혼에 해당하는 법적 권리를 인정하는 법을 제정하기 전인 2000년에 한 동성애자는 독일 총리에게 다음과 같은 질문을 보냈습니다. "슈뢰더씨, 당신은 네 번이나 결혼하고 나는 왜 한 번도 못합니까!" 아마 인류 역사에 이 말을 하고 싶었을 사람들은 많았을 겁니다. 계급과 신분이 다르고, 민족과 국적이 다르다는 기준들이 결혼할 수 있는 자격을 제한하는 이유가 되었으니까요. 그 뿐인가요. 조선 시대에 남성은 부인과 사별한 후 재혼이 가능했지만 여성은 수절이라는 명분으로 재혼이 허용되지 않았지요. 놀랍게도 흑인과 백인의 결혼을 금지하는 법이 위헌이라는 대법원 판결로 미국에서 완전히 사라지게 된 것은 1967년의 일입니다. 이렇게 보면 결혼할 수 있는 자격과 가족을 구성할 권리는 인간으로서의 존엄성과 자유로운 한 명의 동등한 시민으로서 살아갈 권리입니다. 이는 동성애자에게도 결혼을 허용할 것인가로 접근할 문제가 아니라, 어떤 결혼과 가족제도가 우리 모두의 삶을 더 풍요롭고 안전하고 아름답게 할 것인가로 판단해야 합니다.

동성애를 하면 에이즈에 걸릴까?

동성애를 하면 에이즈에 걸리기 쉽고 동성애자들이 에이즈를 퍼트린다는 식의 편견은 우리 사회에 너무 강하게 뿌리 박혀 있습니다. 아직도 많은 사람들이 틀림없는 사실로 믿고 있습니다. 하지만 에이즈 전염에 관한 사실은 인간 면역 결핍 바이러스HIV가 포함된 혈액, 정액, 질액이 체내로 들어오면 감염될 수도 있다는 것 하나뿐입니다. 에이즈는 성관계를 맺은 상대방의 성별이나 연령, 상대가 애인인지 처음 본 낯선 사람인지 등의 친분 관계나 성정체성과 아무 상관없습니다. 바이러스 자체에 생각할 힘이 있어서 이런 저런 것을 가릴 리가 없으니까요. 바이러스는 그저 매개 행위를 통해 옮겨질 뿐입니다.

그러므로 에이즈 감염은 바이러스를 옮길 수 있는 행동을 줄이면 예방 효과를 높일 수 있습니다. 의외로 이 위험 행위는 콘돔을 사용하는 것만으로도 충분히 안전해집니다. 그런데도 우리는 왜 콘돔을 사용하라는 말 대신 동성애자가 없어지면 된다는 말을 훨씬 많이 듣게 되는 것일까요?

통계상으로 현재 전 세계 에이즈 환자의 67%는 사하라 사막 이남 아프리카에 분포합니다. 과연 이를 두고 이 지역에 동성애자가 집단 거주한다고 해석할 수 있을까요? 이들 국가에서는 총체적 빈곤, 높은 문맹률, 열악한 교육과 의료 환경, 여성을 향해 만연한 폭력 등이 에이즈의 유병률을 높이고 있습니다. 콘돔을 살 돈이 없고, 예

방법을 배울 기회가 없으며 여성들은 성매매와 강간으로 인한 전염에 노출되어 있습니다. 비싼 치료제를 구입할 수 없어 사망률도 높습니다. 이런 까닭에 에이즈를 그 사회의 인권 수준, 경제 사회적 조건을 가늠할 수 있는 질병이라고도 합니다.

1981년 미국에서 처음 에이즈 환자가 보고되고 수만 명의 사람이 같은 병으로 목숨을 잃을 때, 레이건 대통령의 보좌관이었던 뷰캐넌은 "동성애자들이 자연과의 전쟁을 시작했고 자연은 가공할 만한 천벌을 내리기 시작했다"라고 조롱했습니다. 이때 의사들은 에이즈가 이미 동성애자들만 걸리는 질병이 아니며 누구나 성행위나 수혈 등을 통해 전염될 수 있음을 알렸지만, 미국 정부는 진실을 숨긴 채 침묵으로 일관했습니다. 그 사이 에이즈는 죽음, 동성애, 성 문란, 성적 타락으로 연상되는 공포의 질병으로 굳어졌습니다. 에이즈 환자들은 질병과의 싸움보다 이런 사회적 편견과 멸시, 고립과의 싸움으로 훨씬 더 고통을 받고 있습니다.

동성 결혼, 다른 나라는 어떻게 시행하고 있을까?

현재 동성 결혼에 대한 법률적 태도는 크게 3가지로 나눌 수 있다. 첫째는 네덜란드, 덴마크, 벨기에, 스페인 등과 같이 기존의 혼인 제도를 완전히 동성애자에게도 개방하는 것이다. 두 번째는 결혼은 계속 이성간에만 가능한 것으로 유지하되 불평등을 해소하는 차원에서 동성애자들에게만 결혼과 유사한 혜택을 주는 '파트너십 등록법'을 별도로 제정하는 방식이다. 동성 결혼을 반대하는 사람들과 동성애자 차별 문제를 해결하는 절충안인 셈이다. 대략 22개국과 미국의 일부 주에서 이 제도를 시행하고 있다. 세 번째 방식은 프랑스의 팍스법PACS처럼 결혼 제도 밖에 있는 이성애자 커플과 동성애자 커플에게 모두 혼인과 유사한 일정 정도의 사회 보장과 법률적 보호를 해주는 것이다. 그간 법적으로 사실혼을 인정하지 않았던 프랑스는 동성 간 결혼을 이성 간 사실혼과 묶어서 결혼·비혼 간의 차별을 줄이는 명분을 얻으려 한 것이다. 이런 프랑스도 마침내 2013년 동성애자의 결혼과 입양을 허용하는 법을 제정해 세계에서 열네 번째로 동성 결혼을 인정하는 국가가 되었다. 오세아니아에서는 뉴질랜드가 2013년 4월에 프랑스보다 조금 앞서 의회

프랑스에서 동성 결혼을 인정하는 법이 제정된 2013년 공식적으로 치뤄진
첫 동성 결혼식

에서 법을 통과시켰고, 아프리카에서는 남아프리카공화국이 유일하다.

아시아만이 전무한데 그나마 대만이 2003년에 동성 결혼 법안 제정을

시도하는 등 가장 활발히 사회적 논의를 진행 중이다.

03 교사에게! 성적 지향과 성별 정체성에 대한 이해

나는 정말 이성애자일까?

청소년기는 아직 성정체성이 확립되지 않은 시기라고 합니다. 그래서 어떤 교사들은 호기심을 자극 받거나 막연한 동경심이 생기기 쉬운 청소년기에 동성애에 대한 정보를 잘못 접하거나 환상을 갖게 되면 올바른 성정체성을 갖지 못한다고 걱정을 합니다. 이들은 청소년들이 자신을 동성애자라고 하는 것을 동성애자인 친구에게 물들거나 동성애 관련 소설이나 영화를 보고 흉내 내는 것이라고 여기곤 합니다. 그래서 자신을 동성애자라고 밝힌 청소년들을 받아들이기보다, 정말 자신에게 맞는 길을 찾아가도록 다시 점검해주는 것이 필요하다고 합니다. 또한 동성애에 대한 환상을 심어줄 수 있는 인터넷이나 영화, 잡지 등의 매체와 접촉하는 것을 제한해야 한다고도 주장합니다. 거의 상식처럼 통용되는 이런 우려와 진단이 과연 정답일까요? 정말 정체성이 확립되면 주변 영향을 아무리 받아도 흔들리지 않게 되는 것일까요?

먼저 어린 시절부터 지금까지의 인생을 돌이켜 보면서 애정적, 낭만적, 육체적, 정서적 끌림이 어떻게 변했는지, 그때마다 어떻게 행동했었는지 등을 떠올려 보고 다시 해석하는 시간을 가져 보길 바랍니다. 중·고등학생 때 동성 친구를 좋아했던 일이 기억난다면 그때 기분을 떠올려 보세요. 친구를 좋아했던 그 순간 행복했는지 불행했는지, 혹 동성 친구에게 좋아한다는 고백을 받은 적이 있다면 그때 기분이 어땠는지 생각해 보세요. 이와 비슷하게 이성 친구를 좋아했거나 이성에게 고백을 받은 적이 있다면 그때 기분은 어땠는지도 질문해 보세요.

과거를 돌이켜 탐구하기 힘들다면 다르게 한번 생각해 보세요. 지금 자신이 이성애자라고 확신하나요? 이성애자인지 아닌지 잘 모르겠다거나 양성애자일 수도 있다고 느낄 수 있습니다. 우리는 왜 지금까지 이런 고민을 하지 않아도 전혀 불편함이 없었던 것일까요? 이성애 중심주의가 강한 사회에 이성애자로 태어나서일 수도 있습니다.

만약 자신이 동성애자라면 그 사실을 지금 누군가에게 터놓고 이야기할 수 있을지 생각해 보세요. 자신이 이성애자라고 생각한다면 그 사실이 자랑스러운지, 주변에 자신과 같은 이성애자는 몇 명이나 더 있는지, 혹 지금 결혼했다면 배우자(남편 혹은 아내)도 이성애자라고 확신하는지, 그렇다면 어떻게 그 사람이 이성애자란 걸 알았는지 돌이켜 보세요. 남자가 하는 이성애와 여자가 하는 이성애, 이성애자들의 추구하는 이성애가 모두 다 같은지도 다시 생각해 보세요.

"남자 연예인들 가운데 잘생긴 사람에게 끌리기도 하지만 솔직히 좋아하는 건 여자인 거 같아요. 제가 어려서인가요? 이런 말은 친구에게도 못해요. 전 여자니까 남자를 좋아하고 남자를 사귀는 게 옳다고 생각해요. 그래서 남자를 좋아 하려고 노력해요. 그런데 자꾸만 여자한테도 끌리고 관심이 가는 건 뭔가요?"(17세, 여, 상담 게시판에서)

청소년들의 고민도 똑같습니다. 교사들이 지금 받은 질문을 청소년들이 먼저 고민한 것일 수도 있습니다. 그리고 그 고민을 계속하는 것은 단순히 미숙하고 잘 몰라서가 아니라 진정한 자신을 찾기 위해서입니다. 혼란이 아니고 탐구하는 과정인 것이죠. 이렇게 본다면 성정체성을 고민하는 청소년들에게 기존과는 다른 방식으로 접근할 수 있습니다.

남들 하는 대로 살아야 한다고 가르치는 사회에서 자신이 남과 다르다는 사실을 깨닫는 건 불안하고 두려운 일입니다. 그래서 동성을 향한 특별한 감정을 깨달으면 그것을 인정하기 전에 먼저 부정하려하고 하죠. 아무에게도 말 못하고 내적 갈등을 겪게 됩니다. 이 과정을 나름대로 긍정적으로 잘 이겨내는 청소년들도 있지만, 또 어떤 경우에는 스스로를 학대하거나 우울증에 빠지고 심지어는 자살을 시도하기도 합니다.

이성에게 정서적, 육체적, 감정적으로 끌리는 이성애가 정신적인 문제가 아니듯 동성에게 끌리는 동성애도 마찬가지입니다. 그러므로 어떤 심리검사를 해도, 정신과 상담을 받거나 기계적인 검사를 통해서도 동성애자를 가려낼 수는 없습니다. 동성애자인지 아닌지 분명히 판단할 수 있는 사람은 자신밖에 없으며, 자신의 성적 지향에 대해 충분한 관심을 기울이고 관찰해야 알 수 있습니다. 그러므로 '내가 동성애자일까'라는 고민을 하는 아이들에게 충분히 스스로 관찰하고 숙고할 수 있도록 지지하는 과정이 필요합니다. 하지만 성정체성을 고민하는 것을 자연스럽게 일어날 수 있는 일이 아니라 혼란과 미숙의 결과로 이야기할 때 청소년들은 혼란을 겪게 됩니다.

2005년에 한국성적소수자문화인권센터에서 전국의 교사 503명을 대상으로 실시한 설문 조사에서 '가르친 학생 중 성적소수자가 있다는 걸 듣거나 본 적이 있다'고 답한 교사는 43.6%에 달했습니다. 하지만 그 가운데 아이들과 직접 고민 상담을 한 교사는 10.6%에 불과했습니다. 역시 2006년에 발표한 다른 연구 결과에 따르면 청소년 동성애자 가운데 78.3%가 친구들에게 놀림을 받은 적이 있고, 학교에서 동성애자라고 밝혀진 경험이 있는 51.4%가 교사나 친구들에게 부당한 처우를 받은 적이 있다고 답했습니다.

어떤 이는 선천적 동성애자들은 어쩔 수 없어도, 가능한 한 청소년들이 동성애자가 되지 않는 것이 현실적으로 더 좋다고 말합니다. 그러므로 동성애를 지나치게 미화하는 것을 제한해야 한다고 지적하기도 하죠. 하지만 어디서부터 어디까지가 지나친 것인지 어떤 기준으로 판단할까요? 동성애에 관해서는 의식적으로 노력하지 않으면 편견과 고정관념을 바탕으로 사고하고 판단하기 쉽다는 사실을 우리는 인식해야 합니다.

누구나 겪는 한때의 일이 아니다

아이들이 성정체성 문제로 고민 상담을 청하면 부모나 교사, 전문 상담가들은 '저 아이가 자신을 동성애자로 생각하네. 어떡하지?'라며 놀라고 걱정을 합니다. 하지만 정작 아이들의 고민은 그것이 아닙니다.

자신의 성정체성에 대해 깨닫는 시기는 사람마다 다르지만, 흔한 예상보다 훨씬 더 일찍 자신에 대해 눈을 뜹니다. 2006년에 한국청소년개발원에서 발표한 〈청소년 성적소수자의 생활 실태 조사〉에 따르면 청소년 동성애자들이 자신이 동성애자임을 인지한 연령은 12세 미만이 20.7%고, 13~15세가 57.8%, 16~18세가 17.8%였으며, 19세 이상은 3.7%에 불과했습니다. 무려 78.5%가 15세 이전에 자신이 동성애자임을 알았다고 답했습니다. 중학생 정도가 되면 이미 자신이 동성애자임을 인지하고 있는 셈입니다. 한국성적소수자문화인권센터가 2007년에 십대 레즈비언 166명을 대상으로 조사했을 때도 15세 이전에 자신의 성정체성을 인지한 경우가 70.2%로 조사되었습니다. 일곱 살 때 자신이 동성에게 끌린다는 것을 깨달았는데 '누구나 청소년기에는 한 번쯤 동성 친구를 사랑한다는 착각에 빠질 수도 있다'는 말이 그 아이에게 얼마나 설득력이 있을까요?

인생에서 한때 동성을 좋아한 적이 있다고 말할 수 있는 사람은 현재 이성애자가 아닐까요? 동성애자는 한때가 아니라 지금도 계속 동성을 좋아하고 있겠지요. 그러니까 나이가 들어서도 자신을 동성애자라고 말하는 것이고요. '한때' 동성을 좋아하는 일은 논리적으로 이성애자만 가능합니다. 누구나 한때 동성을 좋아하는 것이 아니라 이성애자라면 한때 동성을 좋아할 수도 있다고 표현해야 정확하겠지요.

그런데 이렇게 생각하면 뭔가 이상하지요? 어차피 이성애자만 해당된다면 굳이 동성애를 하지 말라고 할 이유도, 청소년기에 하지 말라고 할 이유도 없으니까요. 시간이 지나면 자연스럽게 자신의 정체성으로 돌아올 테니까요. 그렇다면 성정체성을 상담할 필요도 없겠지요. 그럼에도 우리는 왜 상담이 중요하다고 하는 것일까요? 그것이 잠시 한때이든 아니든, 당사자에게는 지금 너무나 진지한 자신의 감정을 어떻게 해야 할지 모를 답답함이 있기 때문입니다.

교사는 왜 학생의 섹슈얼리티가 불편한 걸까?

교사들은 학생들의 섹슈얼리티를 직면하는 것을 어려워합니다. 이유는 간단합니다. 교사들 역시 인간의 섹슈얼리티를 다루는 법을 딱히 배운 적이 없기 때문이죠. 반면 어른들끼리 하는 성적 농담이나 연애나 결혼 관련 이야기는 익숙합니다. 이런 주제들은 성인이므로 인생의 중요한 화두라고 여기기 때문입니다. 하지만 청소년들은 연애에 정신 팔 때가 아니라 공부를 할 때라며 성적 존재로 인정하지 않습니다. 사실 여기서 논리적 충돌이 일어납니다. 모든 인간은 성적 존재입니다. 그것은 인간으로 태어나 죽을 때까지 계속되는 사실입니다. 그리고 청소년도 인간입니다. 교사들도 이 사실을 잘 알고 있습니다. 하지만 공부에 집중할 수 있도록 하는 것이 교사의 임무이기에 이러한 진실을 외면하기 쉽습니다. 금지할 수 없는 것을 금지하는 일이 벌어지니 교사로서 청소년의 섹슈얼리티를 직면하는 것이 불편할 수밖에 없지요. 이러니 이 금지를 둘러싼 소동에서 교사와 학생 모두 실패할 수밖에 없습니다.

우정과 사랑을 구별하지 못해서 청소년들이 동성애에 빠진다고 생각하지만 사실 우정과 사랑을 구별하지 못하는 건 오히려 어른들입니다. 우정과 사랑이 헷갈려서 우정을 사랑이라고 하는 것이 아니라 그것이 너무 명확하게 구별되기 때문에 고민을 하는 것이죠. 우정이 아닌 것이 명백하기에 지금의 감정을 뭐라고 표현할지 난감한 것입니다. 만약 좋아하는 상대가 이성이라면 그 감정을 바로 사랑이라고 말할 수 있지만 동성에게 사랑한다고 말하는 건 사회적으로 금지되어 있으니까요. 그래서 혼란스럽다고 표현하는 것입니다.

"저는 ○○를 좋아해요. 1학년 때 다른 반이었는데 같이 특별활동을 해서 서로 인사하던 사이였어요. 그러다 2학년 때 같은 반이 되어서 속으로 얼마나 기뻤는지 몰라요. 짝사랑한지도 1년이 넘어가는데 저는 어떻게 해야 할까요? 고백했다가 학교에 소문이라도 나면 큰일인데……." (17세, 여, 인터넷 상담)

"여고에 다니는데요. 저희 반에 레즈비언 친구가 있는 거 같아요. 그 아이가 동성애를 하든 말든 저야 상관없는데 제가 신경 쓰이는 건 아무래도 그 아이가 절 좋아하는 거 같아서예요. 만약 그 아이가 고백이라도 하면 저는 어떻게 해야 하나요?" (16세, 여, 인터넷 상담)

아이들은 학교에서 설렘과 실연, 고백과 거절 등 슬프고 기쁜 일을 모두 겪습니다. 교사들이 학생이었던 시절부터 이미 일어나던 일이죠. 그러니 한번 생각해 보세요. 동성애를 고민한다고 말하지만 그고민은 단순히 '동성 친구가 좋아요. 제가 동성애자일까요'라는 수준이 아닙니다.

아이들은 나이는 어리지만 누군가에게 자꾸 눈이 가고, 안기거나 안고 싶고, 연애편지를 쓰기도 합니다. 보고 싶어 죽을 것 같은 고통과 사랑받지 못하는 슬픔도 이미 다 알고 있습니다. 그 상대가 동성이든 이성이든 이것은 삶의 일부분이고 우리의 일상이기도 합니다. 이제 교사로서 학생들의 섹슈얼리티를 이해하고 정면 대응해야합니다. 정면 대응을 한다는 것은 교사의 머릿속에 있는 섹슈얼리티를 학생들에게 투영시키는 것이 아니라 학생들의 섹슈얼리티를 하나하나 똑바로 바라보는 것을 의미합니다.

우리가 동성애에 대해 느끼는 불편함과 공포를 바로 '동성애 혐오'라고 하죠. 우리가 갖고 있는 대부분의 혐오는 학습의 결과입니다. 무엇을 혐오할 것인지는 본능적으로 깨우치는 것이 아니라 배우는 것이지요. 혐오가 무조건 나쁜 것은 아닙니다. 어린아이들이 더러운 물건을 만지려고 하거나 위험한 곳에 가려고 할 때 야단치면서 제약하는 것도 일종의 학습입니다. 그래서 문화마다 혐오의 대상이 다르기도 하지요. 동성애 혐오는 워낙 광범위하게 사회에서 학습시키기 때문에 부모라도 자신의 아이가 동성애자라고 하면 충격을 받고 혐오감을 느끼기도 합니다. 엄청난 공포를 갖게 되지요. 하지만 교사나 상담가라면 이런 공포와 맞서 싸울 수 있어야 하지 않을까요?

성별 정체성이란 무엇인가?

성별 정체성Gender identity이란 자신의 성별이 무엇인지에 대한 자기 인식을 말합니다. 즉 모든 사람들은 스스로 인식하는 자기 성별이 있다는 것이죠. 누군가 넌 누구냐라고 물으면 '저는 여자에요 혹은 남자에요'라고 대답하는 것처럼 말입니다. 이런 성별 인식은 반드시 우리 몸의 외부 생식기 모양에 따라 결정되지 않습니다. 다시 말해 음경이 있다고 해서 반드시 스스로 남성이라고 인식하는 것은 아닙니다. 이 글을 읽는 선생님들도 한번 곰곰이 생각해 보면 동감하실 겁니다. 자기 몸에 음경이 없다는 사실을 처음 인식한 날이 자신이 여자임을 알게 된 날은 아닐 테니까요. 하지만 주민등록상 기재될 성별은 내가 이 세상에 태어난 바로 그 날에 결정됩니다. 그때 내 몸에 소위 음경이라고 부를 만한 것이 보이면 사람들은 아들이 태어났다고 말하고 남자라고 출생신고를 합니다. 이런 탓에 태어날 때 사회적으로 지정된 성별과 스스로 인식하는 자기 성별이 일치하지 않는 경우가 생깁니다. 이런 상황에 놓인 사람들을 트랜스젠더라고 합니다.

흔히 트랜스젠더라고 하면 성전환 수술을 하거나 하려는 사람을 떠올리지만, 트랜스젠더에게 화장이나 의상 선택, 호르몬 투여, 성 재지정 수술, 법적 성별 변경 등은 선택이며 이 모든 것을 다 거쳐야만 진짜 트랜스젠더가 되는 것은 아닙니다.

보통 남성에서 여성으로 전환한 경우를 MTF(Male To Female) 트랜스젠더 또는 트랜스 여성이라고 하고, 반대의 경우는 FTM(Female To Male) 트랜스젠더 또는 트랜스 남성이라고 부르기도 합니다. 또 트랜스젠더 가운데 다시 성적 지향에 따라 동성애자, 양성애자, 이성애자가 있습니다. 즉 모든 트랜스젠더가 동성애자거나 모든 동성애자가 트랜스젠더인 것은 아닙니다.

흔히 '왜 꼭 그렇게까지 성별을 바꾸고 싶어 하는가'라는 의문을 던지며 이유를 궁금해 합니다. 하지만 트랜스젠더는 갑자기 성별을 바꾸고 싶은 충동을 느끼거나 성역할을 제대로 학습 받지 못해서, 동성을 너무 사랑하다 보니 성별까지 바꾸고 싶어 하는 것이 아닙니다. 오히려 그들은 자신이 느끼는 대로, 가장 솔직하게 살고자 하는 사람이라고 볼 수 있습니다.

우리 사회는 육체적으로 드러난 외모, 특히 성기 모양으로 남성과 여성을 나누고, 그 전통적인 판단 기준에 따라 아들 또는 딸, 남학생 또는 여학생으로 나눠 부릅니다. 하지만 자신의 내면에서 자연스럽게 느끼고 인식하는 성별이 이와 일치하지 않을 수도 있는 거죠. 자신은 여성인데도 사람들이 계속 자신을 남성으로 보고 남자아이,

아들, 남학생이라고 부른다면 어떤 기분일까요? 자신에게 그런 호칭이 적합하거나 정확하다는 느낌이 들지 않아서 늘 어색하고 뭔가 부족하다고 느낄 수밖에 없을 겁니다. 더군다나 주위 모든 사람들이 "너는 여자니 이렇게 옷을 입어라" 또는 "너는 남자니 사나이답게 행동해라"라고 계속 강요하는 통에 다른 사람의 기대에 맞춰 자신의 진정한 모습이 아닌 채로 살아야 하므로 힘이 들 수밖에 없지요.

성별 위화감, 호르몬 치료, 성전환 수술

성별 위화감Gender dysphoria은 자신이 인식하는 자기 성별과 육체적 성별이 일치하지 않아서 느끼는 불편함을 말합니다. 이런 고통은 가족이나 친구, 직장 동료나 이웃 등 자신이 속한 사회로부터 끊임없이 육체적 성별에 맞춰 살라는 압박에서 비롯됩니다. 답답하고 외롭고 고통스럽지요. 이 성별 위화감을 없애기 위해 처음에는 자신의 생각을 바꿔서 사회가 명명한 성별에 맞춰 살고자 노력합니다. 이렇게 하면 주변과의 갈등은 줄일 수 있겠지만 자기 자신과의 내면 갈등과 고통은 줄어들지 않습니다. 이런 위화감을 줄이고 고통에서 벗어나기 위해 '젠더 이행'을 하게 됩니다.

젠더 이행Gender transition이란 트랜스젠더가 자신의 성별 정체성에 맞게 신체와 외모를 바꿔가는 시기를 말합니다. 젠더 이행을 한다는 것은 주변 사람들에게 자신이 트랜스젠더임을 드러낸다는 의미이기도 합니다. 사람들이 외모가 달라지는 것을 눈치챌 테니까요. 주변 사람들이 충격을 받고 자신을 싫어하거나 멀리할 수도 있고, 젠더 이행을 중단시키려 할지도 모릅니다. 그래서 젠더 이행 때 주변의 지지와 인정은 매우 중요합니다. 호르몬 투여든 성전환 수술이든 모두 돈이 필요한 일입니다. 청소년 시기에 호르몬 투여나 수술은 부모 동의 없이 하기 어렵습니다. 나이가 좀 더 든 다음에 해도 된다고 할 수 있지만, 그러하다면 의료적 조치를 원하는 시기에 못해 생긴 심리적 불안감에 대한 배려 역시 뒤따라야 할 것입니다.

호르몬 치료와 성전환 수술은 트랜스젠더로서 자신의 삶을 좀더 잘 살아가기 위해 필요한 것이지, 트랜스젠더가 아닌데 이러한 의료적 조치를 통해 트랜스젠더로 변하는 것이 아닙니다. 모든 트랜스젠더가 호르몬 치료와 성전환 수술을 원하는 것은 분명 아니지만, 많은 트랜스젠더에게 이 과정은 매우 중요한 의미입니다. 자신의 몸을 좀 더 편안하게 받아들이고, 다른 사람들과 더 원활한 소통을 하며 살아가는데 도움이 되기 때문이지요. 자신의 성별과 다른 육체에 이질감과 불편함을 느끼는 트랜스젠더는 호르몬 치료나 성전환 수술을 통해 심리적 안정감과 자신감을 얻게 됩니다.

부모님 동의를 얻어 호르몬 투여를 하고 법적으로 성별도 바꿔 학교를 다니는 사례도 있습니다. 이는 불가능한 일이 아닙니다.

트랜스젠더와 동성애자의 차이

흔히 동성애자와 트랜스젠더는 비슷한 사람들이라고 생각합니다. 단지 차이가 있다면 성전환 수술을 했는지 여부일 뿐이며, 동성을 좋아해 자신의 성별까지 바꾸고 싶어 하는 것이라고 추측합니다. 하지만 동성애자와 트랜스젠더는 그런 사람들이 아닙니다. 앞서 설명한 대로 동성애자는 누구에게 끌리는가, 즉 자신이 사랑하는 사람과 자신의 성별이 어떤 관계에 있는가를 기준으로 나눠진 용어일 뿐입니다. 이에 비해 트랜스젠더는 '나의 성별이 무엇인가'에 대한 이야기, 즉 나의 성별과 사회적 성별이 일치하는가에 관한 용어입니다. 다시 말해 트랜스젠더 역시 성정체성으로 본다면 동성애자, 양성애자, 이성애자로 나눌 수 있습니다. 트랜스젠더가 곧 동성애자이거나 모든 동성애자가 트랜스젠더인 것은 아니죠. 예를 들어 한국에서 가장 유명한 트랜스젠더인 하리수 씨는 여성으로서 남성을 사랑하는 것이므로 성정체성으로 본다면 이성애자라고 할 수 있습니다.

그런데도 사람들은 흔히 동성애를 하다 보니 성전환도 하고 싶어한다고 추측하고 이내 그렇게 단정하곤 합니다. 선생님들이 오해하기 쉬운 예를 하나 들어보겠습니다.

"그 아이를 혼자 짝사랑한지도 2년이 넘었습니다. 이제 이런 감정을 억제하고 그냥 포기하고 싶은데 잘 되지 않습니다. 그 아인 지금 남자 친구를 사귀고 있죠. 제가 남자였다면 정말 쉽게 다가가 사귀자고 말했을 텐데……. 그래서 가슴이 나와도 안 나와보이게 하려고 붕대도 감아보고 머리도 짧게 자르고 옷도 여자처럼 보이는 건 안 입었습니다. 어떻게든 남자로 보이고 싶었어요. 그 아이에게만이라도. 하지만 거들떠도 안 봐요. 좋아한다고 말할 수도 없는 전……, 정말 남자로 태어나지 못한 제가 한심하고 나쁘게 생각이 듭니다. 차라리 죽고 싶어요."(18세, 여, 상담 게시판에서)

위 사례를 읽고 어떤 생각이 드는지요? 이런 경우에 이 학생이 트랜스젠더가 아닌지부터 의심합니다. 하지만 이 경우는 트랜스젠더가 아닙니다. 스스로 자신을 남자라고 생각해서 남자로 살기를 원하는 것도 아니고, 동성을 좋아해서 성전환을 하려고 하는 경우도 아닙니다. 여자를 좋아할 수 있는 사람은 남자여야만 한다는 사회적 통념에 괴로워하는 경우입니다. 그러므로 이런 경우 교육의 핵심은 넌 남자가 될 수 없으니 사랑을 포기하라고 일깨워 주는 것이 아닙니다. 사랑을 이루기 위해 굳이 남자가 될 필요까진 없다는 것을 알려 줘야겠지요. 진정한 사랑에 성별이 그렇게 중요할까요?

다시 말하지만 남자 같은 여자아이라고 해서 모두 레즈비언이거나 트랜스젠더인 것은 아닙니다. 어떤 머리 모양을 좋아하고 어떤 스타일의 옷을 즐겨 입는지는 각자의 취향이며 선호일 뿐이지 그것이 곧 성정체성이나 성별 정체성을 결정하지 않습니다.

청소년 트랜스젠더에게 무엇을 해 줄 수 있을까?

사람들의 걱정대로 트랜스젠더로 사는 것은 쉬운 일이 아닙니다. 교사로서는 가능한 사랑하는 제자가 트랜스젠더가 아니라면 좋겠다고 생각할 수 있지요. 하지만 이것은 옳고 그르거나, 좋고 나쁘고의 문제가 아닙니다. 그래서 트랜스젠더가 되거나 되지 않거나 하는 차원으로 해결할 수 없습니다. 우리 사회가 만들어낸 성별 체계와 성규범 속에서 감당해야 할 삶의 무게에 맞서는 법을 알려줄 수밖에 없습니다.

트랜스젠더의 꿈과 갈망을 정확히 설명하기도 어렵고 트랜스젠더가 아닌 사람이 정확하게 이해하기도 어렵습니다. 이것이 현실입니다. 그래서 트랜스젠더 청소년들이 더욱 절박한 것이겠지요. 먼저 교사로서가 아니라 트랜스젠더가 아닌 한 사람으로서 트랜스젠더 당사자의 이야기를 듣는다는 점을 이해하고 인정하는 것이 필요합니다. 여자아이가 왜 남자로 살려고 하는지, 남자아이가 왜 자꾸 여자가 되려고 하는지 모르겠다는 말로 이 상황이 끝날 수는 없습니다. 모르는 것은 당연한 것이니까요. 잘 아는 문제가 아니더라도 학생을 위해서 뭐라도 하려는 의지가 필요하겠지요.

자신의 성별 정체성대로 살고자 하는 것, 호르몬 투여와 수술을 원하는 것 등은 당사자로서는 이 사회의 구성원 중 한 명으로서, 가족과 학교라는 공동체의 일원으로서, 훼손할 수 없는 존엄성을 가진

한 명의 인간으로서 살아가기 위한 노력입니다. 자신을 최대한 표현하고 사람들과 소통하고자 하는 노력입니다. 그러므로 만약 트랜스젠더 학생을 만난다면 지지해 주세요. 트랜스젠더인지 아닌지 판단하기 어렵다고 생각된다면 다른 전문가를 만나게 해 주세요. 혼자가 아니라는 느낌을 갖는 것이 중요합니다.

잠깐!
넷

역사 속 동성애

소크라테스, 사포, 플라톤, 아리스토텔레스, 알렉산더 대왕, 줄리어스 시저, 교황 율리우스 3세, 미켈란젤로, 레오나르도 다빈치, 제임스 1세, 리처드 2세, 크리스티나 여왕, 버지니아 울프, 월트 휘트먼, 오스카 와일드, 앙드레 지드, 안데르센, 나이팅게일, 제니스 조플린, 프란시스 베이컨, 마르셀 프루스트, 미셸 푸코 등 …… 고대부터 현대까지 동성을 사랑했던 이들은 있었다.

고대 그리스 로마 시대에는 동성 간 섹스는 평범한 것이었다. 기독교가 유럽 대부분의 국가에서 국교가 된 후 교회법으로 동성 간 성행위를 처벌하려 했지만 그 이유는 자위나 피임 같이 생식과 무관한 행위를 금하려는 시도였을 뿐, 실제 일상생활에서는 여전히 일반적인 현상이었다. 현재 이란 등 이슬람 국가에서는 동성애자를 교수형에 처하지만 중세 이슬람 문화에서는 동성애 문학이 유행했고, 8세기에 무슬림이 스페인 지역을 지배했을 때는 동성애를 억압하는 법률을 폐지하기도 했었다. 아메리카, 아프리카 그리고 중국과 인도 등 동서양을 막론하고 동성애

동성애자로 알려진 고대 그리스 철학자 소크라테스와 그리스 여류 시인 사포

관계는 오래 전부터 있었고 또 사회적으로도 자연스러운 것이었다. 지금과 같은 동성애 혐오는 오히려 19세기 이후에 새롭게 만들어지고 강화된 셈인데 이는 21세기를 살아가는 인류에게 새롭게 주어진 숙제일지 모른다.

행복하지만 행복할 수 없는 아이들

학교에 청소년 성적소수자가 몇 명이나 있을까요? 지난 2007년 11월 한 달간 한국청소년정책연구원에서 전국 중·고등학생 6,160명을 대상으로 '청소년의 가치관 조사'를 실시했습니다. 그 결과 동성애 성향에 대해 '없다'가 94.2%, '있다'가 5.8%였습니다. 이외에도 2005년에 있었던 장재홍 등의 연구에서는 동성애 성향이 있는 청소년이 11.0%로, 이영식 등의 연구에서는 12.7%로 나타났습니다. 그리고 2006년에 있었던 김경준 외 연구에서는 성적소수자 청소년이 9.4%로 조사된 바 있습니다. 이렇게 본다면 결코 적은 숫자가 아닙니다.

하지만 우리는 이토록 많은 성적소수자 청소년들이 있다는 것을 알지 못합니다. 왜 그럴까요?

동성애를 하면 불행해진다는 말을 들어 본 적이 있습니까? 2006년에 있었던 강병철 외의 연구를 보면 설문에 응답한 청소년 동성애자 68.9%가 자신의 성정체성에 대해 편안하게 느낀다고 했고, 54.8%는 성정체성에 대해 자긍심을 갖고 있다고 응답했습니다. 동성애자란 낱말을 다시 생각해 보면, 결국 사랑을 한다는 뜻일 뿐입니다. 누군가를 미워하거나 증오하는 것이 아니라 사랑하는 것을 말합니다. 목소리를 듣는 것만으로도 기운이 나고, 힘들 때 따뜻하게 기댈 누군가가 있다는 것으로도 마음이 든든하다는 뜻입니다. 정확히 말해 자신이 동성애자라는 것 자체는 아이들을 전혀 괴롭히지 않습니다. 동성애자이든 양성애자이든 그리고 이성애자이든 성정체성은 그 자체로 사람을 괴롭히지 않습니다. 다만 동성애자'로서'는 행복하지만 동성애자'라서' 받게 되는 시선과 평가, 괴롭힘 등이 청소년들을 불행하게 만드는 것입니다.

2007년 한국성적소수자문화인권센터는 서울과 부천 등에서 동성애자 청소년 166명을 만나 설문 조사를 실시한 적이 있습니다. 이때 "자살에 대해 생각해 본 적 있다"고 응답한 비율이 76.6%, "실제로 자살 시도를 해 봤다"고 응답한 비율이 58.5%였습니다. 엄청나게 높은 비율이지요. 이런 결과는 다른 조사에서도 비슷하게 나타납니다. 성적소수자 단체가 아닌 한국청소년개발원에서 나온 보고서를 볼까요. 우리나라 청소년 성적소수자의 생활 실태를 알아보기 위해서 만 13세부터 만 23세까지의 청소년 성적소수자를 대상으로 2005년 1월 10일부터 5월 31일까지 105명, 2006년 6월부터 8월까지 30명 등 총 135명에게 설문 조사를 실시했습니다. 그 결과 성정체성으로 인한 고민으로 "자살을 생각해 본 적 있다"는 응답자 비율은 77.4%, "자살을 시도해 봤다"는 응답자 비율은 47.4%로 집계되었습니다. 그러나 이와 비슷한 시기에 전국 중·고등학생 1,201명을 대상으로 실시한 또 다른 조사에서는 자해 및 자살 시도 경험이 10%로 나왔습니다. 자살 시도를 해본 응답자가 성적소수자만을 대상으로 했는가 아닌가를 기준으로 10%와 47%라는 차이가 납니다. 이 차이가 의미하는 것은 무엇일까요?

같은 보고서의 또 다른 설문 결과는 다음과 같습니다. "남자나 여자 같다고 놀림 받은 적이 있다"는 청소년은 78.3%, "아웃팅을 당한 경험이 있다"는 청소년은 30.4%, "동성애자라고 알려진 후 학교, 교사, 친구 등으로부터 부당한 대우를 받은 적이 있다"고 응답한 청소년은 51.4%에 달했습니다. 즉 주변 사람들에게 동성애자로 인식된 청소년들 가운데 두 명 중 한 명은 차별을 받은 경험이 있다는 것이죠. 욕설 등 언어적 모욕을 당한 적이 있는 청소년은 51.5%, 신체적 폭력의 위협을 당한 적 있는 청소년은 22.3%, 개인 소지품이 망가지거나 파괴된 경험은 19.2%, 누군가가 자신에게 침을 뱉은 적이 있다고 답한 청소년은 13.8%였습니다. 또 누군가가 물건을 집어던진 적이 있다고 답한 청소년이 18.5%, 주먹질이나 발길질 등의 신체적인 구타를 당한 경험이 있는 청소년이 13.8%, 성적 폭력을 당한 적이 있는 청소년이 10.8%, 그리고 무기로 공격을 당한 경험이 있는 청소년이 9.2%였습니다.

절반 정도의 청소년이 언어적 폭력을 당했으며, 10~20%의 청소년이 신체적 또는 성적 폭력을 경험했습니다. 단지 자살률이 높다는 것을 두고 동성애자, 트랜스젠더 청소년들이 더 불행하다고 해석하는 것은 원인과 결과를 거꾸로 보는 것입니다. 자해와 자살 시도는 동성애자이기 때문이 아니라 동성애자라는 이유로 받는 억압과 차별, 혐오와 비난 때문입니다.

사례*로 보는 학교 안 괴롭힘과 폭력

학교 현장에서 다양한 학교폭력이 존재해 왔다는 것은 많은 사람들이 이미 잘 알고 있는 사실입니다. 그러나 청소년 성적소수자들이

---

* 이 사례들은 성적소수자 인권 단체들에 접수된 상담과 차별 신고 사례 그리고 관련 문헌에 기록된 인터뷰와 2011년 10월 중순에 2주간 청소년 성적소수자들이 직접 조사한 사례, 〈학생인권조례 성소수자 공동대응〉 내 차별사례조사팀에서 직접 인터뷰를 해 모은 것입니다. 각 사례 뒤에는 차별 사건이 발생한 연도와 학교 소재지, 학교명 그리고 차별 사례를 수집한 주체 이름을 차례로 적었습니다. 학교 소재지의 경우 제보자가 원하지 않은 경우에는 모두 익명으로 처리했고 제보자가 동의한 경우에는 소재지와 학교명을 이니셜로 밝혔습니다. 내용 중 제보자의 신원이 드러날 수 있는 부분은 편집했음을 밝힙니다.

다른 청소년들에 비해 더욱 심한 학교폭력을 겪는 경우가 많다는 것은 아직 모르는 사람들이 많습니다.

학교폭력의 가해자들은 피해자가 성적소수자라는 사실을 악용하곤 합니다. 성적소수자 본인의 동의 없이 그 사람의 성적 지향을 다른 사람에게 폭로하는 아웃팅을 하지요. 동성애자, 양성애자, 트랜스젠더임이 강제로 밝혀지는 것은 그 자체로 당사자에게 심한 스트레스를 줍니다. 타인의 평가에 아주 민감한 청소년 시기에 자기 자신의 중요한 정체성을 악의적으로 평가받는 경험은 당사자들을 끊임없이 움츠러들게 만듭니다.

"제가 레즈비언이라고 온통 소문을 퍼트리고 수군대던 학교 아이들의 시선과 따돌림 때문에 외향적이고 쾌활했던 모습이 지금은 180도 바뀌어 버렸습니다. 말도 없어지고 사람을 더욱 피하게 되었습니다. 저는 제가 그 자체로 이것도 저것도 아닌, 이 세상에 존재해선 안 되는, 이해받지도 못하고, 어딜 가도 환영받지 못하는 받아들여지지 않을 특이종의 괴물로 느껴졌어요." (2007년, 모 고등학교, 한국레즈비언상담소)

"몇 주 전부터 우리 반 아이들뿐 아니라 다른 반 애들도 절 보는 눈빛이 이상하더군요. 며칠 전 다른 반 친구를 통해서, 그게 A라는 아이가 제 이야기를 애들에게 다 퍼뜨려서 그런 거라는 사실을 알게 되었습니다. 1월부터는 야자 시간에 야자를 하러 자습실에 올라가면 제 책상만 삐

뚫어져 있고, 책상 앞부분에 발로 마구 찬 발자국 흔적이 있는 거예요. 그리고 책상 옆에 달린 사물함을 열어보면 제 책이 엉망진창이 되어 있었어요. 그래도 전 '뭐 이번 한 번만 이러는 거겠지' 하고 넘겼는데 그 다음 날도, 또 그 다음 날도, 또 다음 날도, 오늘까지 이러네요. 정말 요즘에 학교를 너무 가기 싫습니다. 저는 어떻게 하면 좋을까요?"(2008년, 한국레즈비언상담소)

"중학교 3학년 때, 1학년 때 같은 반이었던 친구가 제가 레즈비언이라고 소문을 냈어요. 1학년 때만 해도 저는 제 자신을 동성애자라고만 생각했어요. 친구들한테도 커밍아웃을 했고, 후에 저에 대한 소문을 낸 친구와 레즈비언 모임에도 같이 갔었어요. 그런데 2학년이 되고 반이 멀어지면서 그 친구가 저를 아는 척 하지 않았어요. 그 애는 소위 노는 애들과 어울렸고, 제가 그 애가 괴롭히는 애를 두둔하면서부터 제대로 멀어지게 됐죠. 저한테 앙심을 품게 됐는지, 3학년이 되고 제게 남자 친구가 생기자 '쟤 사실은 레즈비언이다'라고 소문을 냈어요. 친구들이 저를 이해해 주었고 남자 친구도 있었기 때문에 친구들이나 남자 친구와 함께 있을 때는 아무 일도 없었지만, 제가 혼자 있으면 소문을 낸 아이와 그 애 친구들이 제 얼굴 앞까지 와서 '더러운 레즈비언'이라느니 '저 걸레 같은 X 온다'라는 식의 상스러운 욕을 했어요."(2004년, 안산시 중학교, 차별사례모음팀)

아웃팅은 그 이후로 따돌림과 학교폭력이 이어지기 쉬운 상황을 만듭니다. "호모 새끼", "레즈년"이라 불리며 정체성을 비난받고 경멸당하는 상황에서 청소년 성적소수자들은 친한 친구들과의 교류마저 끊긴 채 극도의 소외감을 느끼게 됩니다. 아웃팅은 피해자뿐만 아니라 피해자 주변에 있는 청소년 성적소수자들의 자긍심에도 나쁜 영향을 끼칩니다. 친구의 성적 지향이 강제로 밝혀지고, 소동이 나는 것을 지켜본 다른 청소년 성적소수자들은 "나도 들키면 어떡하지?" 하는 두려움에 시달리고, 깊은 우울감을 호소하기도 합니다.

> "저는 당시 공학에 다니고 있었고 학교에서 이반 검열을 하는 일은 없었지만, '혹시 우리 학교에서도 하면 어떡하지, 나도 저렇게 되면 어떡하지' 하는 생각에 굉장히 무서웠어요. 이후로는 보통 여자로 생각될 만한 옷차림과 머리 모양을 하게 됐고요. 커트였던 머리도 길렀어요. 대학교에 가서도 두려움은 여전해서 레즈비언 아니냐는 의심을 받는 것 같아 일부러 화장을 배우고 남자를 사귀기도 했고요. 당연히 남자를 사귄다고 해서 제 정체성이 바뀌는 건 아니었지만 오로지 의심에서 벗어나기 위해서 그렇게 했어요. 학교에서는 고정관념에서 벗어나라고 가르치지만, 정작 성 문제에 있어서는 전혀 그렇지 못해요. 세상에 이런 사람도 있고 저런 사람도 있다는 것과 각자 다른 배려가 필요하다는 걸 제대로 교육했으면 좋겠어요." (2004년, 성남시 모 중학교, 차별사례 모음팀)

"고1 여름방학이 끝나고 같은 반의 한 여자아이가 아웃팅을 당했어요. 그때 몇몇 아이들이 그 여자애를 폭행했지요. 당시 저는 자세한 내막을 알 수 없었지만, 그 아이가 폭행당한 사실을 학교 선생님들이 알게 되고 그 이유도 알게 되었다고 들었어요. 그 뒤 그 애는 한참 동안 학교에 나오지 않았고 결국 자퇴를 했어요. 이 일로 저는 정말 엄청난 충격을 받았어요. 매일 '나도 들키면 어떡하지, 내가 그동안 무엇을 하고 있던 거지'라는 두려움과 혼란에 시달렸고 아무리 생각을 해도 왜 여자가 좋은지 원인을 알 수 없어서 점점 어두워져 갔고, 엄청난 우울과 온통 죽고 싶다는 생각밖에 할 수 없었어요. 맞설 수가 없었어요. 아마 내가 자퇴한 그 여자애처럼 될지도 모른다고 생각했던 것 같아요." (2010년, 모 고등학교, 한국레즈비언상담소)

고등학교 2학년 때 친하게 지내던 친구들에게 레즈비언이란 이유로 집단 따돌림을 받았던 제보자는 이렇게 말합니다.

"그 일로 인해 저는 대인공포증이 생기고, 인간관계 자체를 중요하게 생각할 수가 없어요. 다들 날 욕할 것 같고, 스스로 난 잘못한 게 없다고 생각하면서도 누군가 그렇게 얘기해 줄 때까지 죄인 같은 느낌을 떨칠 수가 없고요. 자연히 사람을 대할 때 진짜 나를 드러내는 게 너무나 어려워졌어요. 거의 십 년이라는 시간이 흐를 때까지. 저는 그때 그냥 '괜찮아, 네 잘못이 아니야'라고 그 말 한마디만이라도 듣고 싶었어요.

그런데 그 한마디를 들을 곳이……. 이런 이야기를 할 수라도 있는 곳조차 없었어요. 당시 정신과 상담도 받고 있었지만, 상담의조차도 의학적으로 대답해 줄 뿐이지 내 감정과 마음을 만져 줄 사람이나 알아주는 곳은 없었어요. 학교도 마찬가지였고요. 만일 학교가 다양성을 인정하고 존중하는 기관이라는 느낌이었더라면 의지할 수 있었을 거예요. 그런 곳이었다면 그 안에 있는 아이들의 생각이나 태도도 많이 달랐을 거구요."(2002년, 대구시 중구 모 고등학교, 차별사례모음팀)

"수학여행을 갔는데 같은 반 8명과 같이 잤어요. 같은 방을 쓰는 친구들이 제가 자는 틈에 베개 밑에 둔 휴대폰을 가지고 가서 문자 기록을 다 확인했어요. 그 애들이 제 애인에게 헤어지자고, 좋은 남자 만나라는 문자를 보냈어요. 자고 있는데 애인한테 울면서 전화가 왔어요. 그때서야 애들이 문자를 보냈다는 걸 알았어요. 제가 화장실에 가면 애들이 화장실 문을 두드리며 "야, 흥분되냐?" 그랬어요.
저는 학교가 이렇게 달라졌으면 좋겠어요. 첫째, 아주 어렸을 때부터 성적소수자에 대해 그 사람들이 너와 다르지 않고 이성애자만이 정상이 아니라는 교육을 해 주면 좋겠어요. 자란 후에 교육을 해도 (성적소수자에 대한) 편견이 사라지지 않는 것 같으니까. 유치원 때나 아동기부터 기본적인 인권 교육을 하면 좋지 않을까요. 둘째는 학교에서 대화가 필요하다고 봐요. 레즈비언 친구들뿐만 아니라 이성애자 친구들과 대화를 많이 하면 좋겠고, 집단 상담이라거나 서로 대화를 많이 할 수

있는 창을 만들어 주면 좋겠습니다." (2011년, 서울시 노원구 S중학교, 한국성적소수자문화인권센터)

"남녀공학이다 보니 제가 지나가면 남자애들이 "씨발년, XX 레즈다" "레즈 냄새난다" "더럽다"라고 했어요. 몇 번을 아니라고, 아니라고, 제발 건들지 말라고 했어요. 아무리 그래도 "씨발, 레즈X 맞잖아" 그러는 거예요. 진짜 못되고 괴롭히는 걸 즐기는 애들은 꼭 저를 붙잡고는 "야, 너 레즈라며?" 이래요. 다른 건 다 참을 수 있는데 그래도 이런 말은 참기 힘들어요. 진짜 내가 무슨 병 걸린 사람처럼 "더럽다, 너 같은 X이랑 같이 학교 다니기 싫다"라는 말은······.

제가 레즈비언인 걸 알아도 정상적인 사람으로 봐 줬으면 좋겠어요. 지나가도 즐겁게 인사해 줬으면 좋겠어요. 그냥 평범하게 봐 줬으면 좋겠어요. 교실에 앉아 있으면 애들이 뒤에서 되게 키득거려요. 제가 맨 앞자리거든요. 걔네들은 장난이라고 말해요. 한번은 선생님이 애들한테 "왜 △△를 괴롭혀?"라고 하셨는데 애들은 "왜요? 재밌잖아요. 장난이에요" 그러죠. 혹시나 일이 커질까 봐 크게 만들고 싶지 않아서 저도 "맞아요. 장난이에요"라고 말했어요. 선생님이 그러면 며칠 동안은 조용하겠죠. 하지만 며칠 지나면 또 건드리겠죠." (2011년, 안양 모 고등학교, 한국성적소수자문화인권센터)

사례들은 청소년 성적소수자들이 그간 겪어 온 학교폭력의 현장을 보여줍니다. 청소년 성적소수자들은 다양한 방식의 학교폭력을 당하면서도 "누구에게 도움을 청할 수도 없었어요"라고 고백합니다. "그냥 '괜찮아, 네 잘못이 아니야'라는 그 말 한마디만이라도 듣고 싶었어요"라고 말합니다. 이런 이야기들은 그동안 학교 현장에서 교사들이 흔히 들을 수 없었던, 아니 계속 들을 수 있었지만 많은 교사들이 묵인해 왔을지 모를 목소리들입니다.

사례 속 어떤 성적소수자 청소년은 선생님들에게 이런 부탁을 하기도 합니다. "선생님은 많은 교육을 받고 공부를 하고 시험을 봤을 텐데, 동성애자나 성적소수자 친구들에게는 관심이 없는 것 같아요. 소수자에 대해서 조금 더 공부를 하면 좋겠어요. 선생님 말에 상처 받는 아이들이 있다는 걸 알았으면 좋겠어요"라고 말입니다. 청소년 성적소수자들은 괴롭힘과 차별에 관심을 기울여주고 적극적으로 도와주는 교사를 간절히 바라고 있습니다.

학교는 안전한 공간일 수 없을까?

교실은 학교를 다니는 청소년들이 하루 중 길게는 절반 이상의 시간을 보내는 일상생활 공간입니다. 수업을 통해 선생님을 만나고, 친구들과 어울리며, 틈틈이 혼자만의 시간을 갖기도 하는 총체적인 삶의 현장인 셈이지요. 즉 학교는 청소년들이 교사 및 또래들과 부대끼며 배우고, 자라고, 관계 맺는 경험을 하루하루 쌓아가는 공간이라 하겠습니다. 그런데 우리가 접해 온 무수한 사연에 따르면 청소년 성적소수자들에게 교실이란 때로는 가시방석 같고 때로는 불구덩이 같이 괴로운 공간입니다. 여성적이지 않다거나 남자답지 않다는 이유로 교사에게 수업 중 지목당해 놀림감이 되기도 합니다. 본인의 성정체성 혹은 성별 정체성을 드러냈거나 자기 의사와 관계없이 알려진 채로 학교생활을 하는 경우에는 요주의 인물로 찍혀 수업 시간마다 번번이 조롱조의 훈계를 듣습니다. 해당 수업이 끝나고 쉬는 시간이 찾아오면, 안 그래도 잦았던 학급 친구들의 손가락질과 괴롭힘은 그 정도가 더욱 심해지곤 합니다. 현실적으로 청소년 성적소수자들이 마땅히 도움을 요청할 만한 곳도 없습니다.

"저는 조용하고 십자수를 좋아하며 도서실에서 책 읽기를 좋아하는 중학생이었습니다. 그렇다 보니 아이들이 '여자 같다'고 놀리곤 했습니다. 중학생이 되면서 정말 악몽 같은, 죽고 싶은 날들을 보냈습니다. 중학교 1학년 초에 50대 남자 영어 선생님이 수업 시간에 들어오셔서 갑자기 칠판에 'sissy'라고 적어놓곤 이게 무슨 뜻인지 아냐고 물었습니다. 그 말이 계집애 같은 남자를 뜻한다면서 저를 'sissy'라고 불렀습니다. 아이들은 쑥덕거리며 웃었습니다. 그 후로 선생님은 1년 내내 제 이름을 부르지 않고 항상 '시씨'라고 불렀습니다. 이렇게 해서 '시씨'는 저의 별명이 되었고, 아이들도 저를 그렇게 부르면서 놀림은 더욱 심해졌습니다. 아이들은 대놓고 저에게 자기를 만지지 말라거나 가까이 오지 말라고 했고, 저랑 닿으면 "살이 썩는다. 불결하다"며 소리를 지르곤 했습니다. "하리수 같다"는 말도 많이 들었습니다." (2005년, 서울 동작구 C 중학교, 한국성적소수자문화인권센터)

"저는 고2때부터 아주 짧은 숏커트 스타일이었는데(제 생물학적 성별은 여자입니다), 고3 수업 시간에 담당 교사가 저를 지적하며 "여자가 머리가 저러면 레즈비언일 확률이 높다"라는 식의 이야기를 했습니다. 그 말을 들은 반 아이들이 저에게 동성애자냐고 질문을 했습니다." (2011년, 청소년성소수자조례대응팀)

"체육 선생님에게 우리 학교는 왜 바지 교복이 없냐고 물었더니 "여자애들이 왜 바지를 입으려고 하냐? 너 레즈비언이냐?"라고 대답했습니다." (2011년, 서울 양천구 모 고등학교, 한국성적소수자문화인권센터)

특별히 외모로 지적받거나 당사자로서 대놓고 모욕을 당하는 경우가 아니더라도 청소년 성적소수자들이 상처받고 분노할 일은 여전히 많습니다. 수업 시간에 전체 학생을 대상으로 교사가 내뱉는 성적소수자 관련 혐오 발언 및 욕설들은 드러나지 않거나 드러내지 못한 수많은 청소년 성적소수자들을 극심한 불안감, 소외감, 자괴감 등의 부정적인 감정으로 몰아넣습니다. 대개 해당 교사에게 곧장 문제 제기하기란 어려운 일입니다. 교사 쪽 문제를 바로잡기보다는 문제를 제기한 학생 쪽이 도리어 처벌과 검열의 대상으로 전락하기 쉽기 때문입니다.

사례 속 교사들은 성적소수자들에게 "더럽다, 역겹다, 끔찍하다, 정신병자들이다, 죽여 버려도 시원찮다"라는 식의 그야말로 무서운 혐오 발언들을 아무렇지도 않게 쏟아 놓고 있습니다. 근거 없는 낭설로 자신의 혐오 논리를 뒷받침하기도 일쑤입니다. 상당수 사례 속 교사들에게는 성경을 바탕으로 동성애 혐오를 정당화하는 보수적인 기독교 논리도 엿보입니다.

"저 모르게 학교에 소문이 돌았어요. 머리도 짧고 그러니까. 아웃팅 당하기 전엔 선생님이랑 되게 친했어요. 저를 되게 예뻐해 주셨죠. 아무래도 학교 성적이 잘 나오니까. 나름 모범생이어서 잘 챙겨주시고 그랬는데, 아웃팅 당하고 나서부터는 국사 시간에 왕비가 궁녀와 레즈비언이었다는 얘기를 하면서 "더러우니까 하지 말라"라고 하더라고요. 제가 "왜 나한테 얘기하시느냐"고 물으니까 "너는 하지 말라고, 더러우니까 하지 말라고"라고 하더군요.

제가 아는 사람들 중엔 이런 경우도 있어요. 그 학교는 평택 근처에 있는 남녀공학이었거든요. 뉴스에도 한 번 났었어요. 교내 레즈비언 커플이었는데 어쩌다 아웃팅을 당하고 나서, 둘이 급식실에 있는데 다른 애들이 바나나를 마구 던지고 급식 식판을 머리에 쏟고. 국이 뜨겁잖아요. 그런 게 너무 힘들어서 옥상에서 뛰어내려서 자살 시도를 했어요. 두 학생 다 학교 옥상에서 떨어졌는데, 한 친구는 즉사하고 한 친구는 병원에 있었어요. 저보다 한 살 많았던 거 같은데. 그 학교 선생님들은 외면했어요. 되게 공부 잘하는 인문계 고등학교였는데, 그 애들 신경 쓴다고 다른 애들한테 뭐라고 하면 공부 못할 수도 있으니까 선생님들도 그냥 방치했다고 하더라고요. 너무 나쁜 거 같아요."(2011년, 경기도 평택시 M 고등학교, 한국성적소수자문화인권센터)

"고등학교 1학년 때 겪었던 일입니다. 〈그것이 알고 싶다〉라는 프로그램에서 십대 동성애를 다룬 적이 있습니다. 그 방송이 나간 다음 주로 기억합니다. 사회 시간에 들어온 이십대 젊은 여교사는 수업을 시작하면서 대뜸 〈그것이 알고 싶다〉를 언급하며 폭언했습니다. "동성애는 미쳤거나 뇌가 없어서 하는 거다. 동성 간에는 임신을 안 하니깐 더 낫지 않느냐고 하던데, 역시 정신 나간 애들이라 생각을 그 따위로 한다. 내가 여고랑 여대를 나와서 그런 애들 많이 봤는데 정말 토할 것 같았다"는 말을 하며 동성애 혐오 발언을 했습니다. 그 수업이 끝나고 쉬는 시간이 되자 몇몇 애들이 제 앞에서 교사의 발언을 인용하며 "들었냐? 뇌가 없거나 미친 거래. 뇌가 없는 걸까, 아니면 미친 걸까?", "미친 거겠지. 보면 정신 나간 것 같잖아"라는 대화를 나누며 저에게 모욕감을 주었습니다."(2003년, 안산시 모 고등학교, 한국성적소수자문화인권센터)

"저랑 친한 친구는 아니고 제가 좀 아는 애가 우리 반에 있는 어떤 아이한테 고백을 했었어요. 사귀자고 한 게 아니라 좋아한다고요. 그러자 담임 선생님이 교무실로 그 친구를 불러내서 '너 레즈비언이니?'라고 교무실이 울릴 정도로 쩌렁쩌렁한 목소리로 물으셨다고 해요. 그 친구는 아예 레즈비언이 아니라 그냥 좋아하는 마음이 생겼던 건데……."

(2010년, 서울시 강서구 모 고등학교, 한국성적소수자문화인권센터)

이 사례들은 실제 발생하는 비슷한 상황들의 극히 일부에 불과합니다. 이같은 혐오 발언을 서슴지 않는 교사들이 특별히 나쁜 사람들이 아니라 평범한 이들이라는 사실에 걱정이 더욱 큽니다. 최근 점점 더 심각해진 우경화된 일부 기독교 조직들의 동성애 혐오와 똑같은 논리를 사례 속 교사들의 말에서 보는 심정은 착잡하기만 합니다.

학교에서 동성애를 직접 규제하는 사례들도 많습니다. '이반 검열'이라는 표현이 사용될 정도로 심각한 현상인 동성애 규제는 학교 차원에서 동성애자이거나 동성애자처럼 보이는 학생들을 찾아내어 불이익을 주는 것을 뜻합니다. 학교에서 공식적으로 동성애를 금지하는 명문화된 교칙이 없더라도 '커트 머리 금지'와 같은 복장 규정이나 풍기문란 같은 교칙을 근거로 삼아 동성애자 학생들을 처벌하는 일이 종종 있어 왔습니다. 현재에는 이반 검열이라는 용어가 사용될 정도로 이슈화 되어 있지는 않지만, 동성애자라는 이유로 학교에서 직접적인 차별을 받는 것은 여전히 존재합니다.

이반 검열을 당한 경험이 있는 학생들은 학교에서 동성애자 학생들을 찾아내는 방법에는 여러 가지가 있다고 이야기합니다. 커트 머리를 하고 있거나 바지 교복을 입고 다니는 것과 같은 외양적인 특징을 통해 레즈비언 학생들을 찾아내기도 하고, 이미 레즈비언이라고 알려진 학생을 추궁하기도 합니다. 반 학생들에게 전체적으로 설문지를 돌려서 자신이 알고 있는 레즈비언 친구들을 적어내도록 하는 경우도 있습니다. 또 레즈비언이라고 소문이 난 학생이나 자발적으로 커밍아웃을 한 학생, 그리고 심지어 선생님에게 상담을 하면서 자신의 성정체성을 고백한 학생도 이반 검열의 대상이 되곤 합니다. 이렇게 동성애자라고 알려진 학생들은 '동성애자 리스트'에 오르고, 그 뒤 학생부 차원에서 관리를 받게 됩니다.

이반 검열의 대상이 된 학생들에게는 여러 가지 불이익이 가해집니다. 특히 함께 어울리는 동성애자 친구들이나 선후배 무리들이 집단으로 감시를 받습니다. 이들은 서로 인사를 하거나 편지를 주고받고 이야기를 나누는 것을 금지 당하기도 합니다. 심지어 학교가 끝난 후에 동성애자 친구들과 만나는 것을 규제 받는다고 보고한 사례도 있습니다. 동성 친구끼리 손을 잡고 포옹하는 등의 신체 접촉 역시 규제 대상입니다. 이러한 행동이 발각되었을 때에는 처벌을 받습니다. 그 외에도 동성애자라는 것이 알려지면 일정 기간 동안 수업을 듣지 못하고 교무실이나 상담실에서 생활하기도 합니다. 또 선생님들이 상담을 해준다는 명목으로 기도를 해 주거나 동성애가 잘 못되었다는 교육을 시키기도 합니다. 선생님의 종교적인 신념에 따라 교화 목적으로 성경책을 필사하게 하는 경우도 있고요. 학생들이 이반 친구들과 만나지 않는 등의 제약을 어기면 교내 봉사를 하게 하거나 동성애를 하지 않겠다는 각서를 쓰도록 강요하기도 하고, 부모님에게 아웃팅을 하는 경우도 종종 있습니다. 청소년 성적소수자 학생들은 벌점을 받거나 학생부에 동성애자임을 기록하겠다는 협박을 받기도 하고 심지어 강제 전학을 당하는 경우도 있습니다.

"중학교 때 '이반 검열'이라는 게 있었죠. 여중이었는데 여자애들 중에 이반(레즈비언)인 애들을 골라내서 못하게 하는 거였어요. '손잡고 다니지 마라', '포옹하지 마라', '화장실 같이 가지 마라' 이런 말들을 했고요. 이반이라고 알려진 애들은 학생회실에 끌려가서 억지로 '하지 않겠습니다'라는 각서를 썼죠. 이반이라고 들킨 애들은 선생님한테 무시도 당했어요. 반 애들한테 은근히 따돌림 당하기도 하고요. 저는 소수의 아이들만 제 정체성을 알아서 들키지는 않았는데 지금 생각해도 아찔해요. 그때 애들이 당하는 것을 보면서 정말 무서웠거든요. 들키면 끝장이겠다. 들켜서 부모님한테 이야기가 들어가면 평생 두려움에 떨겠구나. 사회에서 매장 당할 수도 있겠구나. 그렇게 생각했어요." (2002년, 성남시 모 중학교, 차별사례모음팀)

"학교에서 띵 리스트(동성애자 리스트)에 오르면 차별을 당해요. 취업 추천서도 잘 안 써 주고 그냥 넘어갈 일도 한번 더 짚고, 한번 더 벌점 주고, 안 좋게 대해요. 체육 선생님도 머리 짧은 애들을 진짜 싫어하고. 저 머리 처음 짧았을 때 정말 싫어했어요. 머리를 툭툭 치면서 이게 뭐냐고 그랬죠." (2009년, 한국성적소수자문화인권센터)

제보자나 내담자들은 저마다 자기가 겪은 상황에 대해 분노, 불쾌함, 답답함, 서글픔, 막막함 등을 표현하고 있습니다. 교사와 학생 간의 권력 관계, 학교 당국의 통제 등에 매여 어떤 반발도 제대로 해 보지 못하는 데 대한 억울함 역시 드러냅니다. 좀 더 실질적으로 해당 교사의 태도를 변화시키기 위해 취할 수 있는 조치로는 무엇이 있을지 묻기도 합니다. 이들은 교실이 불편하고, 수업 시간이 두렵습니다. 학교생활이 답답합니다. 변화가 필요하다고 생각합니다.

제보자나 내담자들이 겪어야 했던 상황은 성적소수자에 대한 편견, 혐오, 차별이면서 동시에 학생들의 교육권에 대한 침해로 볼 수 있습니다. 이는 비단 성적소수자 당사자들만의 교육권 문제가 아닙니다. 성적소수자를 병으로 여기고 죄악시 하는 교사들의 무분별한 언행은 청소년 성적소수자 당사자뿐 아니라 비당사자인 다른 학생들에게도 악영향입니다. 차이를 두루 이해하고 다양한 사람들과 더불어 살아갈 감수성을 배워야 하는 공간에서 오히려 차별을 강화하는 편견과 혐오 그리고 공포만을 자꾸 배우게 되기 때문입니다.

아무쪼록 이곳에 모아 나누는 사례 속 이야기들이 더 이상 학교 현장에서 반복되지 않기를 바랍니다. 교실이라는 공간은 그 속에서 생활하는 청소년들 한 명 한 명이 자기 자신과 타인을 모두 존중하며 생활할 수 있는 곳이어야 합니다. 교사는 자기 안에 존재하는 날것의 혐오와 편견을 여과 없이 학생들에게 노출하기 전에 교육자로서 관련 주제를 한 번 더 생각하고 두 번 더 고민하고 세 번 더 신중히 말을 고르는 노력을 아끼지 말아야 합니다.

교사의 종교적 신념과 화해하기

기독교에서 동성애를 바라보는 관점은 부정적이며, 부도덕한 것으로 죄악시하는 경향이 강하다고 합니다. 기독교인들도 그렇게 생각하는 듯하고 기독교인이 아닌 사람들도 '기독교는 동성애자를 싫어한다'라고 말하죠. 그렇다면 어찌하여 한국보다 훨씬 더 기독교인이 많고 국교가 기독교이기도 한 유럽 등 많은 서구 국가에서 동성애자 인권이 사회적으로 더 인정받는 것일까요? 이는 기독교라는 종교 자체가 동성애에 부정적인 것이 아니라 동성애에 부정적인 기독교인과 긍정적인 기독교인이 있다고 말하는 것이 더 정확할 것입니다. 얼마 전 인터뷰에서 제266대 프란치스코 교황은 이제 가톨릭이 동성애자를 받아들여야 한다는 입장을 밝히기도 했습니다.

여기서 흥미로운 점은 동성애에 부정적이든 긍정적이든 모두 근거를 성경에 두고 있다는 사실입니다. 다만 같은 성경 구절을 두고도 해석을 다르게 하는 것이죠. 예를 들어 창세기 19장 구절을 들어 소돔 사람들이 심판을 받은 이유가 소돔의 남성들이 롯의 집에 찾아온 천사들에게 성행위를 하려고 한 죄라고 보는 분들은 성경은 동성애를 단죄한다고 말합니다.

하지만 이 구절에 대해서 많은 신학자들이 또 다른 해석을 하고 있습니다. 바로 소돔 사람들이 교만하여 나그네를 학대하고 풍부한 양식을 가지고도 가난한 사람들을 돕지 않은 죄가 문제였다는 것이죠. 그들의 관심은 동성 간 성관계를 맺는 것이 아니었습니다. 롯이 자신의 딸을 내어 주겠다고 한 부분으로도 알 수 있죠. 그래서 존 베일리나 마이클 월코크 같은 신학자들은 구약 성경이 쓰여졌던 당시의 문화적 배경과 소돔과 고모라와 같은 내용인 기브아 설화가 있는 사사기 등을 고려해 분석해 보면 소돔의 죄는 '손님 환대의 법칙'을 어긴 죄라고 말합니다. 신학자인 구미정 교수도 이 부분을 이렇게 풀이합니다.

"동성애는 죄다, 이혼은 죄다, 자살은 죄다"라고 기독교가 너무 쉽게 이야기 하는데, 제가 아는 죄는 그저 하나입니다. 하나님과의 관계의 어그러짐이죠. 그리고 이것은 하나님이 판단하실 일입니다. 하나님과의 관계가 어그러진다는 것이 인간과의 관계에서 어떻게 드러나느냐 하면, 힘의 오용과 남용으로 드러납니다. 소유와 지배, 억압과 착취, 불의와 탐욕, 이런 양상들이 바로 성경이 고발하는 죄 목록입니다.

시카고 신학대학의 테드 제닝스 교수 역시 비슷한 의견을 내놓았습니다. "보수 기독교계가 동성애를 인정하지 않는 이유는 성경을 지나치게 문자로만 해석하기 때문"이며 "성경의 수천 구절 중 동성애를 언급하는 구절은 5개이고, 이 중 2구절만이 동성애를 금기시"하고 있음을 지적하며 "성경에는 돼지고기를 먹지 말고, 면과 양모로 된 옷도 입지 말라고 하지만 지금 이것을 금기시하는 사람은 없는데 유독 동성애만 집착하는 것은 편견"이라고 역설했죠. 그는 한국 교회가 가족제도와 사회 안정을 강화하는 수단이 됐기 때문에 동성애를 더욱 금기시하는 것 같다고 말하기도 했습니다.

이렇듯 신의 가르침에 대한 사람들의 해석은 너무 분분합니다. 그런 까닭에 어떤 해석을 믿고 따르든 그것은 각자의 선택입니다. 그러나 선택에도 최소한의 기준은 있겠지요. 만약 개인적인 신념과 보편적 인권이 맞부딪치는 상황이 생기면 어떻게 해야 할까요? 이런 상황에 어떻게 대처할지 교사로서의 판단은 분명 필요합니다.

외국의 교육계에서는 그럼 어떻게 대처하는지 살펴 보죠. 이미 2001년에 캐나다 대법원은 교사가 동성애를 반대하는 것은 편견이며 차별로 이어질 수 있다는 점에서 주의해야 한다고 말한 바 있습니다. 학교를 다니는 모든 청소년들이 똑같을 수는 없습니다. 교사

가 다양하다면 역시 학생들도 다양하며, 학교는 필연적으로 다양성
이 뒤섞인 공간일 수밖에 없다는 점에서 학교가 어떤 가치를 지키며
어떤 원칙을 가진 공간이 될 것인가에 대한 고민은 교육적으로 매우
중요한 문제가 아닐 수 없습니다.

이 세상 모든 사람의 존엄성에 대해 가르치고 배우고자 하는 것
이 학교의 첫 번째 역할임을 아무도 부정할 수 없겠지요. 그러므로
아무리 생각을 해도 종교적 신념을 바꿀 수 없다든지 자신의 신념으
로는 동성애를 인정할 수 없다고 한다면 차라리 아무 말도 하지 않
는 것이 낫습니다. 상담을 해야 한다면 다른 교사나 상담가에게 연
결해 주세요. 교사의 종교적 신념을 지키는 것이 중요한 만큼 학생
의 성적 지향과 성별 정체성도 중요하기 때문입니다. 교육의 가치는
인간의 존엄성을 배우고 자신을 사랑하고 공동체 일원으로서 건강
하게 살아가도록 힘을 주는 것에 있지 않을까요? 교사가 자신의 종
교적 신념을 지키는 것과 그것을 학생들에게 내세우는 일은 다른 일
입니다. 다음의 증언들을 보겠습니다.

"저는 미션스쿨에 다니고 있어요. 성경을 가르쳐주는 선생님 말씀에 따
르면, 동성애자들의 커밍아웃은 악마의 유혹이며 그것을 물리쳐야 한
다고 해요. 저는 미치겠습니다. 저는 악마인 건가요? 너무 괴롭습니다."
(2010년, 한국레즈비언상담소)

"저희 고등학교 선생님 중에 정말 광적인 기독교 신자이신 여선생님이 계시거든요. 첫날부터 자기가 멕시코에서 살다 왔는데 거기에는 게이 랑 레즈가 많아서 정말 구역질이 난다느니 화가 난다느니 돌로 쳐 죽여야 할 놈들이라고 그러더라고요. 누가 커밍아웃이라도 하면 정말 퇴학시키고 싶어서 안달 낼 것 같은 선생님이거든요. 그 선생님은 너무 싫어요." (2009년, 모 고등학교, 한국게이인권운동단체 친구사이)

교사의 권위를 실어 듣는 이로 하여금 자괴감과 죄책감을 느끼게 하는 혐오 발언을 교실에서 내뱉는 것에 대해서 다시 생각해 볼 필요가 있습니다. 이런 혐오 발언은 매우 무섭습니다. 〈바비를 위한 기도〉라는 영화가 있습니다. 실화를 바탕으로 하는데 이 영화의 실제 주인공인 소년의 이름은 보비 그리피스입니다. 보비는 자신의 동성애 성향을 고치려고 수년간 부단히 기도하고 노력했지만 잘 되지 않았지요. 결국 스무 살이 되던 해에 고속도로에 뛰어들어 자살합니다. 아들이 죽고 난 뒤에 보비의 어머님은 이렇게 말을 합니다.

"내 아들 보비의 자살은 대부분의 개신교와 가톨릭 교회 안에서, 나아가 사회와 학교, 그리고 우리 가족 안에서 동성애자를 혐오하고 무시한 결과입니다. 보비는 술을 마시지도 약물을 복용하지도 않았습니다. 그것은 단지 게이인 그를 우리가 받아들일 수 없었기 때문입니다. 우리는 하나님이 그의 동성애를 고쳐 주길 희망했습니다. 우리가 이해하는 대로라면 보비는 회개해야 했고, 그렇지 않으면 하나님은 그를 지옥에 보내 영원한 형벌을 받게 하실 것입니다. 나는 이것을 너무나도 당연하게 생각했습니다. 그래서 자라나는 자녀에게 스스로 선한 구석이라고 조금밖에 없어 하나님의 사랑을 받을 자격이 없다고 믿게 했습니다. 결국 이것은 사람과 하나님과 자신을 왜곡시키고 그 결과 자신을 무가치한 존재로 여기게 한 것이 얼마나 타락한 것이었는지 이제야 깨달았습니다. 만약 내 아들의 인생을 순수한 마음으로 봤더라면 나는 하나님의 눈에도 사랑스러운 영혼이었음을 깨달았을 텐데……."

한국의 많은 동성애자들은 심각한 종교적 갈등을 겪고 있습니다. 자신이 믿는 신과의 갈등이 아니라 자신이 믿는 신과 같은 신을 믿는 다른 사람들과의 갈등 말입니다. 목회자들은 동성애를 회개해야 할 죄의 목록에 올려놓았고, 기도로써 동성애를 치료할 수 있다며 성정체성을 질병화했습니다. 여기서 한발 나아가 '성적 지향 전환 치료'를 실제로 시도했습니다. 하지만 미국심리학회, 미국상담협회, 미국소아과학회 등 10개 단체에서 1999년에 이미 회복 요법 Reparative therapy과 변환하는 목회 활동Transformational ministry이란 매우 공격적인 상담 행위가 위험하다고 지적하는 보고서를 발표한 바 있습니다. 회복 요법은 동성에게 느끼는 성적 욕구를 없애는 심리 요법을 말하고, 변환하는 목회 활동이란 동성에 대한 욕구를 없애기 위해 종교적인 신앙심을 이용하는 것을 말합니다. 미국정신의학

협회는 회복 요법이 내담자가 이미 경험한 바 있는 자기혐오를 강화시키기 때문에 우울증, 불안과 자기 파괴적 행태를 동반하게 된다고 경고합니다.

그러나 10여 년 동안 동성애는 치료될 수 있다고 주장했던 미국 콜롬비아 대학 교수를 지낸 로버트 L. 스피처 박사는 2012년 5월에 그동안 자신의 연구가 잘못되었음을 시인하고 자기 연구 때문에 치료하느라 시간과 열정을 낭비한 동성애자들에게도 미안하다며 사과를 했습니다. 또 미국 최대의 성적 지향 전환 치료 센터였던 엑소더스 인터내셔널Exodus International이 설립 37년 만인 지난 2013년 6월에 자진 해산하는 일도 있었습니다. 이 단체의 대표인 알란 챔버스는 "우리는 그동안 우리의 이웃인 사람과 성경 모두를 존중하지 않는 세계관에 갇혀 있었다"며 동성애를 치료하려 한 것은 무지의 소산이었음을 인정했습니다.

만약 아직도 자신의 종교적 신념과 학생의 섹슈얼리티 사이에서 갈등하고 있다면 '성정체성과 종교가 반드시 대립적이어야 할 필요가 있을까?'라는 질문에서 시작해 보았으면 합니다.

트랜스젠더의 성별 정정

트랜스젠더의 법률상 성별을 변경하는 것은 법원의 결정에 의해 이루어진다. 외국의 경우에는 트랜스젠더 성별 변경에 관한 법률이 별도로 마련되어 있지만, 아직 한국은 관련 법률이 없고 2006년에 대법원에서 마련한 '성전환자의 성별 정정 허가 신청사건 등 사무처리지침'이 유일한 법적 근거로 활용되고 있다.

트랜스젠더 성별 변경을 위해 대법원이 요구하는 것은 다음과 같다.

① 성진환증 환사로서 정신과 전문의 2명 이상의 진단

② 2명 이상 인우인의 보증

③ 부모의 동의

④ 대한민국 국적자로서 만 20세 이상의 행위능력자일 것

⑤ 혼인 중이 아닐 것

⑥ 미성년인 자녀가 없을 것

⑦ 성전환증으로 인하여 성별 위화감으로 고통을 받고 반대의 성에 대한 귀속감을 느껴왔을 것

⑧ 성전환 수술을 받아 외부성기를 포함한 신체 외관이 반대의 성으로
    바뀌었을 것

⑨ 생식능력을 상실하였을 것

⑩ 종전의 성으로 재전환할 개연성이 없거나 극히 희박할 것

⑪ 범죄 또는 탈법행위에 이용할 의도나 목적이 없을 것

이런 대법원의 지침은 생물학적 성별과 반대의 성으로 일정 기간 이상
주체성을 가지고 살아왔다면 성별을 변경할 수 있도록 하는 최근의 국
제적 추세에 비해 지나치게 엄격하다는 평가를 받아 왔다. 이러한 비판
과 국가인권위원회의 기준 완화 요청 속에서 2013년 서울서부지방법원
이 성기 성형수술을 하지 않은 트랜스젠더에 대해 성별 정정을 허가하
는 결정을 내리는 등 성별 변경의 기준을 완화하려는 흐름도 생겨나고
있다.

05 차별 금지! 청소년 성적소수자의 구체적 권리

이미 법적 근거는 충분하다

국제사회에서는 성적소수자에 대한 편견과 차별을 심각한 인권침해로 보고 있습니다. 유엔인권고등판무관 나바네템 필레이는 동성애나 트랜스젠더를 혐오하는 것은 본질적으로 성차별이나 인종차별, 외국인 혐오와 다름없다고 말합니다. 그런데 다른 편견과 차별은 일반적으로 정부가 앞장서서 비난하고 개선하려고 노력을 하면서 동성애 혐오나 트랜스젠더 혐오에 대해서는 간과할 때가 많다고 지적합니다.

역사적으로 나치는 사람들의 차별과 편견의 마음을 이용해서 유대인을 비롯한 동성애자 등 사회적 소수자를 대량학살했지요. 국제사회는 이런 뼈아픈 기억을 잊지 않기 위하여 세계인권선언을 채택하고 인권 조약을 마련하면서 차별 금지와 평등을 핵심 가치로 삼았습니다. 그리고 어느 누구도 어떤 집단에 대해 덜 중요하다거나 존중할 가치가 적은 것으로 대하지 않기로 약속했습니다. 각자 성적 지향이나 성별 정체성이 다르더라도 똑같이 권리를 존중하고 존중받아야 하는 것은 인간으로서 당연한 일입니다.

우리나라는 경제적·사회적·문화적 권리에 관한 국제규약 ICESCR, 시민·정치적 권리에 관한 국제규약ICCPR, 여성차별철폐협약 CEDAW, 아동권리협약CRC, 고문방지협약CAT 등을 모두 비준했습니다. 이 조약들은 모두 차별 금지 원칙을 채택하고 있으며, 각 조약의 위원회들은 이 조약에 의해 성적 지향 및 성별 정체성을 이유로 한 차별이 금지된다고 했습니다. 이 국제인권조약에 가입한 우리나라는 성적소수자에 대한 차별 금지와 인권 보장 의무를 이행하기 위해 여러 가지 조치를 취해야 할 의무가 있습니다.

정부·국회·학교, 법원 등 국가기관은 성적소수자에 대한 각종 편견을 없애고, 학교나 직장 등에서 직·간접적으로 일어나는 모든 형태의 차별과 폭력을 없애도록 법·정책·관행들을 개선하기 위해 앞장서야 합니다. 국회가 성적소수자에 대한 차별 금지를 명시적으로 포함하는 차별금지법 등의 법규를 제정하는 것은 가장 기초적인 조치 중 하나입니다. 괴롭힘과 차별이 발생했을 때 피해자를 구제할 수 있는 절차적 장치를 마련하고, 언론이나 공공기관이 편견과 혐오를 조장하지 않도록 규제해야 할 것입니다. 유엔 아동권리위원회는 한국 정부에게 사회적 약자에 대한 편견을 해소하기 위해 사회적인 교육과 캠페인을 하도록 권고하기도 했습니다.

반기문 유엔 사무총장은 편견과 차별을 철폐하기 위해 나서야 할 우리 모두의 의무와 책임을 여러 번 강조했습니다. 그중에서도 지난 2010년 12월 10일 세계 인권의 날 행사에서 한 아래 연설은 기념비적인 연설로 꼽힙니다. 반기문 유엔 사무총장의 리더십과 지지로 국제사회는 지금 성적소수자에 대한 편견을 깨고 이들에 대한 폭력과 차별을 근절하고 인권을 향상하려는 캠페인을 활발히 펼치고 있습니다.

"양심을 가진 인간으로서 우리는 일반적으로 차별을, 특별히 성적 지향과 성별 정체성을 이유로 한 차별을 거부합니다. 사회적 통념의 뿌리가 깊다는 것 물론 알고 있습니다. 사회 변화가 이루어지려면 시간이 필요하다는 것 역시 알고 있습니다. 하지만 혼돈해서는 안 됩니다. 문화적 태도와 보편적 인권이 대립할 때는 보편적 인권이 반드시 우선 되어야 합니다. …… 우리가 편견에 맞설 때에야 비로소 폭력은 멈출 것입니다. 우리가 목소리를 낼 때에야 비로소 낙인과 차별은 끝날 것입니다." (반기문 유엔사무총장, "편견에 맞서십시오, 폭력에 대항하여 목소리를 내십시오" 중에서)

우리나라 헌법도 모든 국민이 존중받고 차별로부터 보호받을 권리가 있다고 명시하고 있습니다. 헌법 제10조에서는 "모든 국민은 인간으로서의 존엄과 가치를 가지며, 행복을 추구할 권리를 가진다. 국가는 개인이 가지는 불가침의 기본적 인권을 확인하고 이를 보장할 의무를 진다"라고 하고, 제11조 제1항에서는 "모든 국민은 법 앞에 평등하다. 누구든지 성별·종교 또는 사회적 신분에 의하여 정치적·경제적·사회적·문화적 생활의 모든 영역에 있어서 차별을 받지 아니한다"라고 명시하고 있습니다. 성적 지향과 성별 정체성이 대다수의 사람과 다르다고 해서 이런 권리에서 예외가 될 수는 없습니다.

교육 현장에서 보장해야 할 청소년 성적소수자의 권리

청소년 성적소수자의 경우 특히 교육 현장에서 존중받고 차별받지 않을 권리를 보장받는 것이 중요합니다. 헌법 제31조 제1항에서 "모든 국민은 능력에 따라 균등하게 교육을 받을 권리를 가진다"라고 하고 있을 뿐만 아니라, 교육기본법에서는 "모든 국민은 성별, 종교, 신념, 인종, 사회적 신분, 경제적 지위 또는 신체적 조건 등을 이유로 교육에서 차별을 받지 아니한다"라고 하고 있습니다. 초중등교육법에서는 "학교의 설립자·경영자와 학교의 장은 헌법과 국제인권조약에 명시된 학생의 인권을 보장하여야 한다"고 명시하고 있습니다. 그러므로 동성애자나 트랜스젠더라고 하여 학교에서 불이익을 당해서는 안 되며, 불합리한 차별이나 폭력이 있을 때 마땅히 보호받아야 할 것입니다.

사실 청소년 성적소수자의 인권은 여느 청소년 인권과 다르지 않습니다. 청소년 성적소수자의 인권을 이야기하는 것은 궁극적으로 청소년 성적소수자를 포함한 '모든' 청소년이 안전하게 교육 받고, 진로를 탐색하고, 건강하게 성장할 수 있도록 환경을 마련하려는 것이지, 청소년 성적소수자에게 특별한 혜택을 주자고 주장하는 것이 아닙니다. 다만 이 평등을 실질적으로 실현하기 위해 해결해야 할 장애물들이 있으므로, 그 장애물을 발견하고 제거하려는 노력이 필요하다는 것입니다. 성적 지향과 성별 정체성의 다양성을 이해하고, 다름에 대한 존중과 관용을 높이는 학교 환경을 만드는 것이 청소년 성적소수자뿐만 아니라 모든 청소년 인권 교육과 학교생활에 도움이 됩니다.

그러므로 교육은 성적 지향과 성별 정체성의 다양성 존중을 포함하는 이해와 관용, 평화와 평등의 정신을 기반으로 합니다. 교육 현장에서는 언제나 인간의 보편적 권리를 존중하고 모두에게 안전한 교육 환경을 제공해야 합니다. 국가는 모든 청소년의 개성, 재능, 정신적·신체적 능력의 잠재성이 최대한 개발될 수 있도록, 성적소수자를 비롯해 다양한 청소년의 요구에 응답할 수 있어야 합니다.

    교육 현장에서 보장되어야 할 청소년 성적소수자의 권리를 아동권리협약을 비롯한 국제법과 관련 국내법에 기반해 더욱 구체적으로 나열하면 아래와 같습니다. 다음 내용은 청소년 성적소수자들이 침해당하기 쉬운 권리 가운데 대표적인 것입니다. 모든 청소년은 성적 지향이나 성별 정체성과 관계없이 다음과 같은 권리를 갖습니다.

    1. 모든 청소년은 평등하게 교육을 받을 권리가 있습니다. 교육 당국은 어떠한 차별에도 노출되지 않고 교육과정을 끝마칠 수 있도록 보장해야 합니다. 성적 지향이나 성별 정체성을 이유로 입학을 거부하거나 전학, 정학, 퇴학 또는 강제 자퇴를 시키는 조치는 엄격히 금지됩니다.

    2. 모든 청소년은 따돌림과 괴롭힘 그리고 모든 형태의 사회적 배제와 폭력으로부터 자유로울 권리가 있습니다. 국가, 교육 당국, 청소년 기관 등은 이러한 배제와 폭력으로부터 청소년을 보호하기 위한 충분한 조치를 제공해야 합니다. 교사 등은 수업 시간을 포함한 모든 교육 환경과 활동 공간에서 성적소수자에 대한 편견을 조장하거나 강화하는 발언 및 차별·혐오 발언을 해서는 안 됩니다.

    3. 모든 청소년은 교육기관에서의 교육 방식 및 과정, 자원을 통

해 성적 지향과 성별 정체성의 다양성에 관한 올바른 이해와 존중을 배울 권리가 있습니다. 모든 교과 내용에는 성적소수자를 부정적으로 묘사하거나 편견과 혐오를 조장, 강화하는 주장이 포함되어서는 안 됩니다. 이러한 청소년의 권리에는 성적 지향과 성별 정체성의 다양성을 고려한 적절한 성교육을 받을 권리가 포함됩니다.

4. 모든 청소년은 학교 등 교육기관이나 기타 청소년 기관의 규칙에서 불이익을 받지 않을 권리가 있습니다. 학교나 청소년 기관 등에서의 규칙은 학생의 존엄과 일치되는 방향으로 형성되고, 집행해야 합니다. 성적 지향, 성별 정체성에 근거해 학생을 차별, 배제하는 내용의 교칙이나 관행은 허용될 수 없습니다.

5. 모든 청소년은 완전한 사생활의 자유를 보장받을 권리가 있습니다. 사생활의 자유는 성적 지향과 성별 정체성에 대한 정보를 드러낼지 여부를 본인이 스스로 선택할 권리를 포함합니다.

6. 모든 청소년은 의견의 자유로운 형성 및 표현의 자유를 보장받을 권리가 있습니다. 청소년은 다양한 통로를 통해 정체성과 개성을 표현할 자유가 있으며, 인권과 성적 지향, 성별 정체성과 관련한 다양한 지식과 정보, 의견을 추구하고 주고받을 수 있습니다.

7. 모든 청소년은 문화생활을 향유할 권리가 있습니다. 교육 당국과 청소년 기관 등은 성적소수자 관련 도서와 영화가 학교에 차별 없이 공급, 비치되도록 하고, 각종 문화 활동에서 성적소수자가 배제되지 않고 동등하게 참여할 수 있도록 다양성을 고려하여 행사를 마련해야 합니다.

8. 모든 청소년은 차별 없이 성적 지향이나 성별 정체성과 관련한 모임이나 단체를 조직하고 자유롭게 활동할 권리가 있습니다. 교육 당국이나 청소년 기관 등은 성적소수자에 대한 차별과 편견을 근거로 이러한 모임을 부적절한 것으로 낙인찍고 활동을 제한해서는 안 됩니다.

9. 모든 청소년은 건강하게 성장할 수 있도록 학교의 지원을 받을 권리가 있습니다. 성적소수자 학생은 인권 친화적 상담사에게 상담 받을 수 있어야 하고, 교육 당국이나 청소년 기관 등은 상담이 이루어지도록 연결하는 역할을 적극적으로 수행해야 합니다. 또 청소년이 성적 지향이나 성별 정체성을 이유로 가정에서 겪는 어려움에 주의하고, 성적 지향과 성별 정체성의 다양성에 관한 정보를 학부모에게 전달하는 등 적극적인 조치를 취해야 합니다.

10. 이 모든 권리는 학교와 탈학교 청소년에게 똑같이 적용됩니

다. 교육 당국이나 청소년 기관 등은 학교를 떠난 청소년 성적소수자에게 안전한 환경을 제공하고, 이들의 의지와 이익에 부합하는 교육 접근권을 보장하기 위해 필요한 모든 조치를 취해야 합니다.

자긍심의 축제, 퀴어문화축제에 놀러 오세요

동성애자와 트랜스젠더 등 사회적으로 차별받는 성적소수자들이 자신들의 자긍심을 담아 도심을 당당하게 행진하는 것을 "자긍심 행진PRIDE PARADE"이라고 한다. 이 퍼레이드는 1969년 미국 뉴욕에서 스톤월 항쟁을 기념하는 행사로 처음 시작되었고, 그 이듬 해 샌프란시스코, 로스엔젤레스 등으로 확대되어 동시에 개최되었다. 불과 3천여 명 정도로 시작한 퍼레이드는 1994년에는 뉴욕에서만 100만 명이 모이고 CNN을 통해 생중계가 될 만큼 커졌다. 지금은 미국뿐만 아니라 전세계 대부분의 주요 도시에서 열린다. 시기는 조금씩 다르지만 성적소수자들의 자긍심을 축하하고 지지하며 자유와 평등을 요구하는 시가행진이 개최한다.

우리나라에서는 지난 2000년부터 '퀴어문화축제'라는 이름으로 서울에서 행사가 열리고 있다. 2009년부터는 대구에서도 개최하고 있다. 퀴어문화축제는 해마다 5월 말에서 6월 초 사이에 약 2주간 열리며, 그 기간 동안 퍼레이드·영화제·파티·토론회·전시회 등 다양한 행사가 진행된다. 동성애자, 양성애자, 트랜스젠더뿐만 아니라 이성애자까

2008년 제9회 퀴어문화축제 현장

지 누구나 참여할 수 있는 열린 행사이다. 2000년에 백여 명으로 시작했던 퍼레이드가 2013년에는 1만여 명이 함께해 대표적인 비영리민간 주도형 시민 축제로 성장하고 있다. 퀴어문화축제에 대해 좀 더 자세히 알고 싶다면 홈페이지(http://kqcf.org)를 방문하면 된다. 축제의 지난 역사와 앞으로의 일정을 살펴볼 수 있다.

2부

청소년 성적소수자
상담 가이드라인

06 성적 지향과 성정체성

사례
1

저도 여자이면서 여자인 친구를 좋아해요.
그런 제가 정말 싫어요.

고1인 수현이는 공부도 잘하고 밝은 아이인데, 어느 날 성정체성이 혼란스럽다며 상담실을 찾아왔다. 친하게 지냈던 지희라는 친구가 좋아져서 몹시 힘들다고 했다. 처음엔 그냥 동경이려니 생각했지만, 지희와 스킨십을 하는 상상을 해도 좋고, 중3 때 좋아했던 남자애한 테 느꼈던 두근거림을 지희한테도 느끼고 있단다. 수현이는 이건 아 니다 싶어서 한 달간 지희를 피해도 보고 일부러 무시도 해 봤다는 데, 그럴 때마다 가슴이 더 아프고 밤에 잠도 안 오고 공부에 집중도 안 된다며 많이 힘들어 한다. 같은 여자인 지희를 좋아하는 감정이 점점 더 커지기만 해 혼란스러워하는 수현이. 어떻게 도움을 줄 수 있을까?

상담의 길잡이

① 동성 친구에 대한 감정을 소중히 여기도록 격려합니다.

동성 친구를 좋아하는 마음을 부끄러워하거나 애써 부정하려고 하지 않도록 도와주세요. 이번 사례의 핵심은 학생이 동성 친구를 좋아하는 마음을 발견한 데다가 그 감정을 성정체성과 연결시켜 고민한다는 것입니다. 그런데 학생은 동성에게 단단히 반해버린 자신을 이상하게 여깁니다. 그 마음을 부정하려고 애도 써 봤지만 그게 잘되지 않자 선생님에게까지 찾아 온 겁니다. 따라서 학생이 먼저 자기감정을 긍정하는 것을 시작으로 동성애에 대한 혐오와 편견을 줄여 나가며 성정체성을 탐색하도록 도와야 합니다.

우선 친구의 어떤 점이 그토록 좋은지, 언제부터 좋아졌는지 등 시시콜콜한 이야기부터 물어봐 주세요. 설레는 마음을 털어놓는 학생의 모습을 따뜻하게 지켜봐 주시고요. 누구와도 나눌 수 없었던 감정을 풀어놓음으로써 누군가를 좋아하는 것 자체가 얼마나 행복한 일인지 학생 스스로 새삼 느끼게 될 것입니다. 누군가에게 애착을 갖고, 잘해주고 싶고, 아껴주고 싶은 감정들은 상대의 성별을 불문하고 아름다운 것이라고 표현하면서 학생의 감정을 있는 그대로 지지해 주세요. 누군가로부터 가감 없이 지지받는 경험은 학생의 자긍심에 도움이 됩니다.

② 성정체성 탐색을 독려하며 동성애에 대한 편견 없는 정보를 나눕니다.

학생이 그동안 자기감정을 부정하려 했던 까닭을 직접 되짚어 보도록 도와주세요. '성정체성 혼란'이라는 표현에 집중하여, 학생이 이번 일로 성정체성을 고민하면서 무엇을 주로 걱정했는지 솔직하게 말하도록 이끌어 주세요. 그러면 학생이 동성애나 동성애자에 관해 지녀온 편견들을 발견하게 될 것입니다.

동성애는 이성애와 다를 것 없는 사랑의 한 종류이며, 동성애자란 비정상도, 죄인도 아님을 분명하게 전달해 주세요. 동성애에 대한 편견과 혐오란 몇 마디 말로 쉽게 사라지지 않습니다. 학생에게 비난하지 않을 것임을 확인시켜 주세요. 이는 앞으로의 상담을 위해서 매우 효과적입니다. 학생은 선생님이 자기를 재단하지 않고 자기 입장에서 고민을 나눠 준다는 느낌을 받을 테니까요.

자신의 감정과 경험에 솔직하게 성정체성을 탐색할 수 있도록 격려해 주세요. 서두르지 않아도 된다고 안심시켜 주시고요. 시간을 충분히 갖고 여유 있게 탐색해 나가도록 도와주세요. 그 과정에 최대한 함께하겠다는 이야기로 힘을 보태 주시고요.

관련 기본 지식

동성 친구에게 느끼는 특별한 감정을 계기로 성정체성을 탐색하는 것은 자연스러운 현상입니다. 자기감정을 진솔하게 살피는 경험은 성정체성 탐색에 중요한 기회입니다.

청소년기의 성정체성 탐색 과정은 관련 정보에 대한 접근성이나 또래 집단의 분위기, 교육자의 관점에 따라 그 양상이 저마다 다릅니다. 동성애에 관한 편견 없는 정보를 접하며 호의적인 분위기에서 생활하는 청소년은 자기감정을 적극적으로 마주하고 정체성을 긍정적으로 탐색하는 데에 어려움을 한결 덜 겪습니다. 그렇지 못한 청소년은 어떻게든 정체화를 해 나가되 자신을 비정상으로 여기기도 하며, 감정을 고스란히 직면하지 못한 채 성정체성을 본격적으로 탐색할 기회를 아예 못 갖기도 합니다. 학생의 성정체성 탐색이 긍정적으로 이어지려면 조력자의 각별한 관심이 필요합니다.

교사 자신의 동성애 혐오야말로 상담 과정에서 늘 경계해야 하는 요소입니다. 우리 사회의 구성원들은 당사자나 비당사자를 막론하고 동성애 혐오로부터 완벽하게 자유롭기 어렵습니다. 이성애 중심적 가치관이 워낙 만연하기 때문입니다. 늘 민감하게 경계해야 하는 이유입니다.

해 줘야 하는 말 & 피해야 하는 말

① 설렘과 두려움에 대해 공감하기

나쁜 예	좋은 예
– 십대 때 누구나 잠시 하는 고민이야. 시간이 다 해결해 줄 거다. – 그 친구와 거리를 두고 지켜보면 어떨까? 의외로 금세 해결될 거야.	– 그 친구를 많이 좋아하나 보구나. – 이런 고민을 하게 될 줄 몰라서 당황스러웠지? – 시간을 두고 차분히 직면해 보자.

학생이 갖고 있는 감정 그 자체를 교사 입장에서 재해석하기 보다는 학생이 표현하는 그대로 존중해 주도록 합니다. 학생이 친구를 좋아한다고 표현하면 그 표현을 그대로 받아 공감의 말로 돌려줍니다. 이때 그 감정과 그로 인해 학생이 느끼는 부담을 사소하게 여기거나 가볍게 보는 태도를 보여서는 곤란합니다. 학생이 느끼는 무게감을 이해하고자 노력하는 모습을 보여주는 것이 좋습니다.

② 성적 지향 전환의 불필요성이나 해로움을 알려 주기

나쁜 예	좋은 예
– 동성애는 어린 시절의 잘못된 경험이나 사춘기 때 성에 대한 왕성한 관심으로 인해 생기기도 한단다.	– 동성애도 여러 성적 지향 중 하나야. 이성애와 다름없이 존중받아 마땅하단다. 네가 느끼는 감정을 억지로 회피하려고 하지 않아도 돼.

③ 정체화 과정 격려하기

나쁜 예	좋은 예
- 청소년기에는 누구나 동성애를 경험할 수 있어. 하지만 다 지나가. 시간이 지나면 괜찮아지는 경우가 많으니 걱정하지 말았으면 좋겠다.	- 네가 동성애자인지, 양성애자인지, 이성애자인지를 탐색하여 결론내릴 수 있는 사람은 너 자신뿐이야. 과거, 현재, 미래의 감정이나 경험 등을 아울러 직접 해석하며 너 스스로 알아갈 수 있단다. - 성정체성을 결정하는 데에는 경험과 다양한 정보들이 영향을 끼치니 마음의 여유를 갖고 생각해 보자. - 성적소수자 단체들이 많으니 같이 정보를 찾아보자.

청소년기에 일시적으로 그럴 수 있다는 식으로 이야기해 버리면 오히려 학생의 자기 부정 및 혐오를 강화하기 쉽습니다. 학생의 현재 상태에 그 자체로 주목하면서 정체성 탐색 과정을 도와야 합니다.

동성한테 끌리는 제가 게이인가요?
고칠 수는 없을까요?

상담실로 찾아온 동혁이가 무척 조심스럽게 고민을 털어놓았다. 동혁이는 야동을 볼 때에도 여자보다는 자꾸만 남자한테 눈이 간단다. 저도 모르게 동성 친구에게 집착하는 경우도 있다고 한다. 짝사랑만으로도 벌써 힘든데, 자기가 동성애자일까 싶으니 더욱 두렵고 무섭다고 한다. 동혁이는 자기가 동성애자가 맞을까 질문하면서 고치고 싶다고, 게이가 되고 싶지 않다고, 동성애자로 살아갈 자신이 없다고 말한다. 동혁이에게 무슨 이야기를 들려주면 좋을까?

상담의 길잡이

① 동성애 자체를 문제 상황으로 보지 않도록 이끕니다.

교사는 학생이 힘든 까닭을 동성애로 보고 동성애 자체를 문제 상황으로 설정하기 쉽습니다. 하지만 정말 문제는 동성을 향한 이끌림, 설렘, 그리고 욕망 그 자체가 아니라 그러한 감정이나 욕망을 부당하게 낙인찍는 사회 규범입니다. 그러한 편견과 검열을 내면화한 당사자가 자신에게 내린 부정적인 평가가 바로 학생을 고통스럽게 하는 것입니다. 이때 교사마저 사회적 통념에 근거해 동성애 자체를 문제로 여기며 학생의 고민에 접근하면 학생 입장에서는 역시 자신이 잘못하고 있다는 사실을 재확인 받게 될 뿐입니다. 자기감정과 삶에 대한 불안감과 두려움은 더욱 커지고 말겠지요. 동성애란 그 자체로 존중받아 마땅한 여러 성적 지향 가운데 하나임을 분명히 해 주세요. 수치스러워 할 일이 아님을 확실히 말해 주세요.

② 당사자의 내면화된 동성애 혐오를 이해하며 두려움을 덜어 줍니다.

동성애란 결코 잘못이 아니라는 사실은 상담의 대전제입니다. 하지만 동성애란 나쁜 것이므로 동성애를 하는 나도 나쁘다고 생각해 괴로워하는 당사자를 이해하는 것 역시 중요합니다. 학생은 자기감정을 두려워하며 이를 부정하려 합니다. 이는 어쩌면 당연한 일일지도 모릅니다. 일부러 남들에게 손가락질 받고 싶은 이는 없을 테니까요. 그러므로 무작정 손쉽게 자기 긍정을 권하기보다는 학생이 느끼는 두려움이나 자기혐오에 대한 공감을 표현할 필요가 있습니다. 다만 공감과 위로의 방향을 잘 잡아야 하겠지요. 네가 문제가 아니라 스스로 너 자신을 문제라고 생각하게 만드는 사회가 잘못된 것이라고 말해 줘야 합니다. 학생이 아파할 일이 아닌데 아프게 만드는 우리 사회의 통념을 과녁으로 만들어 바로 그곳에다 비판의 화살을 돌려 주는 겁니다.

③ 동성애에 대한 편견 없는 정보를 제공합니다.

학생은 이성애 중심적 정보가 범람하는 우리 사회에서 성장한 만큼, 동성애자의 삶과 미래에 대해 다양하고 체계적인 정보를 충분히 접하지 못했을 터입니다. 우울한 음지의 삶만을 동성애자의 대표적 이미지로 그려왔을지도 모릅니다. 동성애자 역시 남들과 다름없이 우리 사회 구석구석에서 그저 평범하게 살아가는 존재임을 알려 주세요. 이성애자가 그렇듯 동성애자도 천차만별 다양한 삶을 산다는 이야기도 해 주세요. 동성애자로서 살아갈 삶에 대한 부정적 이미지를 완화해 주는 겁니다.

④ 동성애는 치료해야 할 질병이나 죄책감을 느껴야 할 잘못이 아님을 강조합니다.

성적 지향은 상담이나 치료를 통해서 바꿀 수 있는 것이 아님을, 아니 바꿀 필요가 없음을 반드시 이야기해 주세요. 정신의학계와 심리학계는 성적 지향을 전환하려는 시도가 오히려 정신장애 등을 일으킬 수 있다고 지적하며 그러한 시도를 반대해 왔습니다. 바꾸거나 고칠 필요가 있다는 것은 무언가가 잘못되었다는 점을 전제로 하는데, 동성애란 그 자체로 전혀 문제의 소지가 없는 것입니다.

⑤ 성적소수자 또래 집단 및 관련 인권 단체를 소개합니다.

비슷한 고민을 가진 또래들의 지지는 혼란스럽고 외로울 학생에게 많은 도움이 됩니다. 성적 지향, 성정체성, 성별 정체성을 고민해 온 청소년들 모임이나 성적소수자 인권 단체들을 알려 주세요. 지지 받는 경험을 통해 학생은 안정감과 자신감을 얻게 됩니다. 그리고 다른 이들이 닮은 고민을 어떻게 다뤄가는지 보면서 자기 상황에 대입해 참고하기도 합니다. 그러면서 불가능하게만 여겼던 동성애자로서의 삶을 보다 구체적으로 그리게 되기도 하고요.

관련 기본 지식

본인의 동성애적 지향을 알게 되는 경험은 우리 사회의 공고한 편견과 낙인으로 인해 당사자에게 큰 스트레스로 다가옵니다. 물론 자신의 성적 지향을 자연스럽게 긍정하고 받아들이는 청소년들도 상당합니다. 그러나 대다수 십대들이 성적 지향을 고민하면서 극심한 불안과 우울을 경험하곤 합니다.

그러나 이성애, 양성애, 동성애는 각각 하나의 성적 지향입니다. 어느 하나가 다른 지향보다 우월하거나 자연스럽다고 말할 수 없습니다. 그 자체로 문제인 성적 지향이란 없습니다. 이는 1970년대 이후로 이미 많은 연구 끝에 정신의학계와 심리학계에서 모두 공식 인정한 사실입니다. 유엔 등을 비롯한 국제인권법 동향을 보더라도 성적 지향을 이유로 한 차별과 폭력을 반대하는 흐름이 뚜렷합니다.

동성에게 끌리는 경험을 하는 이들은 '내면화된 호모포비아'로 고생하는 경우가 많습니다. 호모포비아란 동성애 공포(증) 또는 동성애 혐오(증)라고도 하는데, 동성애에 대한 강박적이고 비합리적인 공포와 혐오, 또는 그로 인한 증상들을 가리킵니다. 내면화된 호모포비아란 여기에서 파생된 개념으로, 사회의 이성애주의를 내면화해 자기 자신에게 거부감이나 공포감을 느끼는 것을 의미합니다. 동성을 좋아하는 경험으로 힘들어 하는 학생과 만날 때 염두에 두어야 합니다.

성적 지향을 바꾸려는 시도는 아주 오래 전부터 존재했으나 과학적으로 성공한 바가 없습니다. 정신의학계와 심리학계에서는 동성애를 치료가 요구되는 질환으로 여기지 않으며, 상담이나 치료로 동성애적 지향을 바꾸기는 어렵다고 못 박습니다. 상담이나 치료로 이성애자를 동성애자로 바꿀 수 없는 것과 마찬가지입니다. 성적 지향을 바꾸려는 시도야말로 유해하다는 것이 이들의 공식적인 입장입니다. 이는 숙지해 두어야 할 내용입니다.

해 줘야 하는 말 & 피해야 하는 말

사례 1의 〈해 줘야 하는 말 & 피해야 하는 말〉을 참고하면 됩니다. 두 가지 예시만 추가합니다.

① 동혁이가 느끼는 두려움과 거부감 다루기

나쁜 예	좋은 예
- 그래 동성애를 고칠 수 있을 거야, 우리 같이 고민해 보자. - 동성애자로 사는 건 생각만 해도 힘들지 않니? 굳이 험한 길을 택할 필요는 없을 것 같구나.	- 많이 힘들었겠구나. 네가 그렇게 두렵고 힘들어 하는 것은 네 잘못이 아니야. - 문제 있는 사람들이 동성애자가 되는 건 아니란다. - 학교에서 친구들과 평소와 다름없이 지낼 수 있단다. 네 감정을 받아들인다고 너란 사람이 다른 사람이 되진 않아. 너무 걱정하지 말거라.

무엇보다 동성애에 대한 부정적 평가나 혐오감, 거부감을 보여서는 안 됩니다. 동성애에 대한 교사 개인의 입장이 따로 있다 하더라도 이와는 별개로 동성애에 대한 객관적이고 중립적인 태도를 교사로서 보여줄 필요가 있습니다.

② 성적 지향 전환의 불필요성이나 해로움을 알려 주기

나쁜 예	좋은 예
- 동성애를 없애는 상담이나 치료를 받으면 어떨까? 종교를 가지고 기도를 해 봐도 좋고 말이다.	- 성적 지향은 상담이나 치료로 바꾸기 어렵단다. 다른 사람이 너에게 반드시 이성을 사랑해야 한다고 해서 없던 마음이 갑자기 생기지는 않겠지? 억지로 바꾸려는 시도는 오히려 큰 상처로 남기도 한다고 해.

저는 동성에게도 이성에게도 끌리는 것 같아요.
양쪽 다 좋아하면 문제가 있는 건가요?

민아는 중학교 3학년으로 친구들과 잘 어울리는 활달한 아이다. 민아는 같은 학교 형준이와 1년 가까이 교제하고 있고 이는 친구들과 선생님들도 대부분 아는 사실이다. 그런데 언젠가부터 민아가 급격히 말수도 적어지고 친구들과도 예전만큼 잘 어울리지 않았다. 그리고는 얼마 안 가 민아가 레즈비언이 되어 형준이와 헤어졌다는 소문이 퍼졌다. 상담을 요청한 민아는 자기가 양성애자인 것 같고, 지금 동성 친구와 사귀고 있는데, 사귀는 친구가 양성애자는 믿을 수 없다고 말해서 혼란스럽단다. 여자와 사귄다고 소문이 나 불편하기도 하지만 더 큰 고민은 자기가 과연 동성애자인가 양성애자인가 하는 문제라고 한다. 민아에게 어떻게 말해 주면 좋을까?

상담의 길잡이

① 이끌리는 대상의 성별이 꼭 하나로 고정되지 않을 수 있으며 그래도 아무 문제가 없음을 강조합니다.

이성과 동성 모두에게 끌리는 경험을 하는 학생은 한쪽 성별에 특히 더 많이, 주로 끌리는 학생과는 다소 다른 고민을 할 수 있습니다. 우선 이도 저도 아니면서 중간쯤에 끼인 듯한 느낌에 시달리기 쉽습니다. 가령 이성을 좋아할 때나 이성과 교제할 경우 본인이 여느 이성애자와는 다르다는 사실로 인해 내적으로 부대낍니다. 동성 역시 좋아한다는 사실이 자기 검열과 이성애자 사회, 즉 일반 사회에서의 소외감으로 이어집니다.

동성을 좋아하거나 동성과 교제할 경우도 비슷합니다. 말하자면 동성과 교제 중이라는 지금의 현상 그 자체만으로는 다 설명 안 되는 자기 안의 다른 요소들로 부대낍니다. 이른바 반쪽짜리 동성애자라는 느낌 때문에 이반 커뮤니티에서도 외롭습니다. 특별히 좋아하거나 교제하는 상대가 없을 때라도 본인은 이성애자도 아니고 동성애자도 아니라는 식으로 부정적인 자기 정의를 할 수가 있습니다. 이렇게 계속해서 '무엇이다'라기보다는 '무엇이 아니다'라는 식으로만 본인을 인식하면 불안해지기 십상이겠지요.

본인이 양쪽 성별에 다 끌린다는 사실 때문에 한쪽 성별에만 끌리는 다른 사람들에 비해 자기가 두 배로 더 이상한 것은 아닌가 생각하는 경우도 흔합니다. 이성을 좋아하면 그저 평범하게 이성애자로 살면 되고, 동성을 좋아하면 조금 힘들더라도 동성애자로서 살면 될 텐데 굳이 양쪽 다 좋아하니 자신에게 문제가 있다고 생각하는 경우입니다.

애초부터 양성에 고르게 이끌렸다기보다 한쪽 성별에 대한 끌림이 다른 한쪽 성별보다 늦은 경우, 이들은 본인이 이제까지 해 왔던 경험과 지금 새롭게 하는 경험을 통합하는 데 어려움을 겪기도 합니다. 사례 속 학생도 이와 비슷한 경우입니다. 남자 친구를 사귀었던 경험과 여자 친구를 사귀고 있는 현재를 어떻게 한 데 엮어 이해하면 좋을지 고민하고 있습니다. 사귀는 친구가 양성애자는 "믿을 수 없다"고 말한 탓에 긍정적인 자기 탐색에 어려움을 겪고 있기도 합니다.

이럴 때는 학생에게 이끌림의 대상이 이성이건, 동성이건, 양쪽 모두이건 다 괜찮다는 사실을 확실하게 알려주세요. 한쪽 성별에게만 끌려야 옳다는 법도, 이성에 대한 끌림만이 정상이라는 법도, 동성에게 끌리는 사람은 이성을 좋아하지 않으리란 법도 없다는 이야기 역시 들려주세요. 먼저 이와 같은 사실을 확실히 이야기한 뒤, 양성애 및 양성애자에 대한 편견 없는 정보를 보태어 주면 좋습니다.

② 양성애 및 양성애자에 대한 편견 없는 정보를 나눕니다.

양성애 및 양성애자에 대한 편견은 이른바 이성애자 사회, 즉 일반 사회뿐만 아니라 이반 커뮤니티에도 깊고 넓게 퍼져있습니다. 평범한 이성애자로 살기보다 튀고 싶어서 양성애자 행세를 한다거나, 동성애자로의 완전한 전락을 피하기 위해서 여지를 남겨 놓고 양성애자인 척 한다거나, 필요와 욕구에 따라 이성을 만났다 동성을 만났다 할 수 있는 박쥐 같은 존재라거나, 여자 남자 가리지 않고 성관계 횟수를 늘리는 문란한 성욕의 화신이라거나 하는 낙인이 대표적입니다.

하지만 양성애 자체가 전혀 문제가 아닌 이상 기본적으로 누가 무슨 이유에서든 스스로 양성애자로 정체화 하고 살아가는 것은 개개인의 사정입니다. 각각의 양성애자들은 저마다 다양한 근거와 계기를 통해 스스로를 양성애자로 정체화 합니다. 만일 양성애자로 정체화 한 이들이 자기 정체성으로 인해, 특히 정체성의 (재)탐색 문제로 혼란을 겪고 고통스러워 한다면 해당 사례의 맥락에 따라 당사자의 이야기에 초점을 맞춰 도와주면 되는 것입니다.

그리고 양성애자를 소위 쿨하거나 문란한 이성애자 혹은 호모포비아, 심한 동성애자로만 규정하는 것은 양성애자라는 정체성을 긍정적인 방식으로 고유하게 설명하지 못하도록 방해합니다. 양성애자도 동성애자나 이성애자와 마찬가지로 엄연히 하나의 독립적인 성정체성이라는 사실을 학생에게 알려주세요. 반드시 미결정된 상태, 중간 혹은 사이의 상태인 것이 아님을 알려주는 겁니다. 이때, 이것만큼이나 중요한 사실이 하나 있습니다. 바로 성정체성이란 미결정적이거나 미확정적이어도 괜찮다는 점입니다.

실질적으로 관계 속에서 상대를 자기 이득에 맞게 취하는 등 상대에게 무례를 범하고 폐를 끼치고 폭력을 가하는 이들이 적지 않습니다만 이는 성정체성 자체의 문제가 아니라 개별 상황에 대처하는 개개인의 문제입니다. 이성애자, 동성애자, 양성애자를 막론하고 해당될 수 있는 문제라는 것입니다. 특정 성정체성을 특정한 문제의 원인으로 직접 결부 짓는 방식의 설명은 피해야 합니다.

③ 교제 관계에서 사귀는 친구의 불안을 현명하게 없앨 수 있는 방법을 함께 고민합니다.

학생이 사귀는 친구가 양성애자는 "믿을 수 없다"고 한 것 역시 ①과 ②에서 다룬 양성애 및 양성애자에 대한 편견에서 비롯된 반응일 수 있습니다. 학생의 여자 친구는 학생이 동성 관계를 가볍게 취급하고 쉽게 남자한테 돌아갈지 모른다고, 원래 이성애 사회에 속한 아이이니까 언제든 나를 배신할 수 있다고 생각하고 있을 가능성이 높습니다. 여자 친구의 반응에 상처받고 혼란스러울 학생에게 친구 입장에서는 그럴 법도 하다는 점을 알려주며 이해를 도와주세요.

그리고 불안해 하는 여자 친구에게 학생 본인이 이 관계에 얼마나 진지하고 정성스러운지를 더욱 진솔하게 표현하도록 권장해 주세요. 동성 관계라고 해서 예전에 남자 친구와 사귀었을 때보다 덜 진지한 게 절대로 아님을 진심을 담아 전달하도록 권하는 겁니다. 그리고 가능하다면 여자 친구와 양성애나 양성애자에 대한 편견이 실질적으로 얼마나 잘못된 일반화에 근거한 것인지에 대한 이야기를 나눠 가도록 격려해 주면 좋습니다.

④ 학교생활에서 겪는 어려움을 살피고 해결책을 모색합니다.

학생의 동성 교제 사실이 학교에 소문이 난 상태면 또래들 사이에서 악의적인 험담, 따돌림, 괴롭힘이 진행 중일지도 모릅니다. 지금 상황이 어떤지에 대해 구체적으로 학생에게 물어보고 학생이 겪는 어려움을 줄일 방법을 같이 고민하도록 합니다.

관련 기본 지식

양성애란 동성 상대와 이성 상대, 양쪽 모두에 감정적, 관계적, 성적으로 이끌리는 감정이나 욕망을 가리킵니다. 사람에 따라 동성과 이성에게 느끼는 감정과 욕망의 종류나 정도가 비슷한 무게를 지니기도 하고 한쪽으로 다소 기울기도 합니다. 성적인 측면이 이끌림의 핵심 요소인 이들이 있는가 하면 이끌림에 전혀 영향을 미치지 않는 이들 또한 존재합니다.

양성애자는 양성 모두에 대해 끌리는 감정과 욕망을 경험하는 이들 가운데 스스로 양성애자라 정체화 한 사람을 뜻합니다. 이는 어디까지나 당사자가 자기 탐색의 과정을 통해 자기감정, 욕망, 관계 등을 해석해 나가는 가운데 결정하는 것이므로 타인이 진단하거나 규정할 수도 없고 그러려고 해서 곤란합니다.

해 줘야 하는 말 & 피해야 하는 말

① 양성 모두에 대한 끌림을 긍정해 주기

나쁜 예	좋은 예
- 얘 너 원래는 남자애 좋아했잖아. 여자 친구랑 사귀긴 무슨. 그냥 너 괜히 착각하는 거다, 친구 좋은 걸 연애 감정으로. - 할려면 하나만 해. 너, 이상하다.	- 남자 여자 둘 다 좋아하는 게 이상한 것은 아니야. 이상하다고 생각지 않아도 돼.

② 교제 관계 속 고민을 진지하게 나누기

나쁜 예	좋은 예
- 뭘 그런 걸로 고민하니? 동성 연애 같은 건 그만 두고 일단 공부나 해. 어차피 너 크고 나면 다시 남자 만날 수 있어.	- 여자 친구가 불안해 하고 의심하니 속상하겠다. 좀 더 정성을 많이 쏟는 모습을 보여서 안심시켜 주는 건 어떨까?

사례 1-1 레즈비언으로 살 엄두가 안 난다는 여고생

저는 여고에 다녀요. 최근에 좋아하는 여자가 생겼어요. 평소에도 항상 생각나고요, 잘 보이고 싶어요. 그런데 세상은 저를 허락하지 않는 것 같아요. 그 사실이 너무 힘듭니다. 왜 내가 남자로 태어나지 못했을까요? 만약 남자로 태어났더라면 정정당당히 걔랑 사귈 수도 있을 텐데 싶습니다. 제가 어른이 돼서 여자를 사랑하는 것을 상상하면 정말 이상해요. 그 친구한테 고백해서까지 학교에서 레즈비언이라는 이야기를 듣고 소위 말하는 왕따가 되고 싶지는 않아요. 하지만 사랑하는 마음이 점점 커갈수록 혼자 너무 힘들어요. 레즈비언이라는 것을 확신할수록 혼자인 것 같고, 사랑하기 힘들어서 감추고 싶고 고통스러워요. 이런 일을 당해 보니 정말 제 자신이 혼자 남은 기분이 드네요. 죽고 싶어요.

상담 포인트

학생이 자신의 감정을 애써 외면하지 않고 긍정적으로 바라볼 수 있도록 지지해 주세요. 여성으로서 여성에게 끌리고 여성과 사랑하고 싶은 욕구를 갖는 것은 이성에게 향하는 욕구와 같이 이상한 일이 아니며, 자연스럽고 존중받아 마땅하다고 표현해 주세요.

학생이 좋아하는 친구에게 고백을 하거나 커밍아웃을 하고 싶어 한다면, 상대방의 반응을 예상하고 뒤따르는 상황들을 머릿속에 그려보면서 준비할 수 있도록 조언해 주세요. 커밍아웃은 믿을만한 친구나 자기 고민을 함께 나누고 싶은 친구에게 먼저 시도해 볼 수 있고, 이를 통해서 친구들과 이전보다 더 돈독한 관계가 될 수도 있습니다. 혹여 동성애자임이 알려진 이후에 친구들이 괴롭힌다면 꼭 선생님에게 찾아오라고도 말씀해 주세요.

학생이 고립감을 호소한다면 성적소수자 커뮤니티를 소개해 주세요. 또한 많은 성적소수자들이 자긍심을 가지고 행복하게 살아가고 있음을 알려주면, 학생의 정체성 탐색 과정에 긍정적인 영향을 끼칠 것입니다.

사례 2-1 17세 남학생의 게이 정체성 탐색

저는 여자보다는 남자가 좋은 것은 맞는데, 그냥 친구로 좋은 건지 그 이상의 감정인지 모르겠어요. 여자가 싫은 건 아닌데 남자들처럼 좋은 건 아니고, 남자를 보면 마음이 두근거려요. 친구들에게 "나 남자가 마음에 들어"라고 말하는 게 이상하기도 하고, 학교에서는 일부러 이성 친구들과 많이 지내고 있거든요. 아직 성정체성이 확립될 나이는 아니라고들 하니까 더 신중해지고 싶어요. 제가 게이일까요?

이처럼 자신의 정체성이 동성애자인지 묻는 때에는 본인의 정체성은 본인 스스로만 알 수가 있다는 것을 잘 전달할 필요가 있습니다.

앞으로 지속적으로 동성에 대한 끌림이나 두근거림을 겪는지, 이성에 대해서는 친구로서의 감정 말고는 생기지 않는지 등을 스스로 돌아보면서 자신의 정체성이 동성애자인지, 양성애자인지, 이성애자인지를 찾아갈 수 있다는 이야기를 해주면 좋습니다.

자신을 동성애자나 양성애자, 이성애자 등으로 표현하고 규정하는 것에 대해서 이를 거부하거나 불편해 하는 학생들도 있습니다. 이런 학생들에게는 이러한 용어로 스스로를 부르거나 끼워 맞추지 않아도 된다고 안내할 수 있습니다.

07 성별 정체성과 성별 표현

선생님,

저는 트랜스젠더입니다.

경호는 조용한 성격의 고등학교 1학년 남학생이다. 몸매가 호리호리하고 옷차림이나 몸짓도 워낙 단정하고 섬세한 탓에 선생님들 사이에서도 '계집애 같다'는 이야기를 많이 듣는 편이다. 아이들 사이에서는 경호가 일요일에 화장을 하고 치마를 입고 다닌다거나 자신은 여자라고 말했다는 등의 소문마저 돌고 있는 상황이다. 그래서인지 오늘 경호가 아무래도 자기는 트랜스젠더인 것 같다며 상담을 신청해왔다. 경호를 만나면 어떻게 상담해야 할까?

상담의 길잡이

① 눈치 보지 않고 검열 걱정 없이 자기 이야기를 꺼내 놓도록 돕습니다.

경호는 남자가 남자답지 못해 큰일이라거나 사내자식이 저래서 어떻게 하느냐는 등의 이야기를 이미 무수히 들어왔을 학생입니다. 생김새, 옷차림, 행동거지 등에 대한 손가락질을 내내 겪어 왔을 터입니다. 너는 이상하다는 시선을 끊임없이 견뎌 오며 타인의 시선에 비치는 자기 모습을 몹시 신경 쓰게 되었을 겁니다. 기껏 찾아와 놓고도 선생님이 자기를 어떻게 볼까 신경 쓰여 학생이 하고자 했던 이야기를 미처 다 못하는 상황이 생겨서는 안 됩니다. 편안하게 무슨 이야기든 해도 좋다는 분위기를 만들어 주세요. 고민의 결을 고스란히 드러내도 괜찮다고 격려해 주세요. 어떤 재단도 비난도 없이 다만 너의 이야기를 귀 기울여 듣고 함께 고민하겠다고 다짐하는 것도 좋습니다.

② 본인이 직접 규정한 성별 정체성을 있는 그대로 존중해 줍니다.

학생 자신이 인지하는 자기 성별은 학생의 법적인 성별, 즉 학생부에 기록된 공식적 성별과 다를 수 있습니다. 서류상에는 남자로 표시돼 있다 해도 당사자는 스스로 여자라고 생각하며 살아가는 경우, 여자로 기록돼 있지만 본인은 남자라고 느끼는 경우, 혹은 어느 한쪽 성별로 기재돼 있으나 어느 쪽으로도 자기 자신을 인지하지 않는 경우 등 서류에 기입된 성별과 당사자가 인지하는 성별이 일치하지 않는 경우들이 존재합니다. 이때 타인이 이 당사자를 인지하는 기준이 돼야 하는 성별은 당사자가 스스로 정체화한 성별입니다. 학생의 성별이 남자로 등록되어 있더라도 본인이 스스로 여자라 인지하고 그렇게 자기를 표현한다면 여자로 봐 주어야 합니다.

③ 자기가 원하는 방식대로 자신을 표현해도 괜찮다고 격려합니다.

사람은 누구나 본인이 인지한 자기 성별에 맞게 스스로 잘 어울린다고 생각하는 방식으로 옷을 입고 외모를 꾸밀 수 있어야 합니다. 그리고 그러한 방식은 기존의 규범적 여성성 및 남성성의 틀을 벗어날 수 있습니다. 학생이 자기 성별을 여자로 인지해 이른바 여성스러운 옷차림이나 행동거지를 보이든, 남자로서 소위 여성스러운 옷차림이나 행동거지를 보이든, 학생의 표현 그 자체를 존중해 주어야 합니다. 이번 상담 사례는 전자에 가까워 보입니다. 학생은 여자로서 자기가 생각하기에 예쁘고 근사한 방식으로 자기 자신을 표현하고 싶을 것입니다. 그와 같은 욕구를 있는 그대로 인정해 주세요. 늘 해 오던 대로 줄곧 원하는 방향에 따라 표현하며 지내도 괜찮은 거라고 격려해 주세요.

④ 학교생활에서 적대적인 상황을 겪지 않을 방법을 같이 모색합니다.

상담하는 교사가 ①, ②, ③에서 제안하는 바와 같이 지지하는 태도로 다가간다면 학생에게 무척 큰 힘이 될 것입니다. 하지만 교사 한 명이 학생을 격려하고 다독이는 것만으로는 부족합니다. 다른 교사들과 또래 학생들 사이에서 수군거림이 지속되고 나아가 괴롭힘이라도 시작되면 학생이 하루하루 학교에서 보내는 시간은 몹시 힘겨워질 수밖에 없습니다. 학생을 둘러싼 분위기가 그리 우호적이지 않을 경우 학생의 학교생활을 수시로 살펴야 합니다.

또한 매 상황에 대한 대응 전략을 모색할 경우에는 되도록 학생 본인과 직접 상의하도록 합니다. 교사가 바람직하다 여기는 방법이 당사자인 학생 입장에서는 그리 도움이 안 되거나 해가 될 수도 있으므로 무슨 일이든 가급적 학생과 먼저 이야기를 나누는 것이 중요합니다.

⑤ 트랜스젠더 관련 자료, 모임, 단체 등을 소개해 줍니다.

학생은 트랜스젠더 당사자로서 트랜스젠더의 경험과 권리에 관한 문제에 어떤 전문가보다도 잘 알고 있을 가능성이 높습니다. 여러 트랜스젠더 관련 지식 자체에는 그리 두루 밝지 못하더라도 자기 경험에 대해서만은 학생 본인이 가장 잘 알 터입니다. 학생의 자기 서사를 있는 그대로 존중해 주는 작업이 그래서 중요합니다. 하지만 학생 자신이 아무리 자기에 대해 누구보다 섬세하게 인지하고 고민해 왔다 하더라도 관련 정보란 여전히 중요합니다. 학생이 참조할 수 있는 자료들, 학생이 자신과 비슷한 고민이나 경험을 지닌 이들과 교류할 수 있는 모임 및 단체들을 소개해 주세요. 트랜스젠더를 위한 각종 정보가 담긴 웹사이트, 청소년 트랜스젠더 모임, 그리고 트랜스젠더 관련 상담 및 기획 사업을 진행해 온 성적소수자 인권 운동 단체 등은 학생에게 든든한 버팀목이 되어 줄 것입니다.

관련 기본 지식

성별 정체성이란 자신의 성별이 무엇인지에 대한 자기 인식을 말합니다. 일반적으로 성별 정체성은 옷차림, 머리 모양, 몸짓, 말투 등을 통해 표현되는데 이를 성별 표현이라 합니다. 성별 정체성과 성별 표현은 출생 시 신체적인 성에 근거하여 사회적으로 부여받은 성별 및 규범적인 성별 표현 방식과 일치할 수도 있고 그렇지 않을 수도 있습니다. 트랜스젠더란 본인의 성별 정체성이 출생 시 부여받은 성별과 맞지 않는다고 느끼는 사람들이 자신을 정체화하는 방식 중 하나입니다. 자기가 부여받은 성별이 아닌 다른 성별로 자신을 인지하는 트랜스젠더가 있는가 하면 자기가 부여받은 성별도 그와 다른 성별도 둘 다 아닌 상태로 자신을 인지하는 트랜스젠더도 있습니다.

　자기가 인지하는 성별에 따라 본인이 생각하기에 그 성별에 더욱 어울리는 모습의 몸이 되고자, 타인이 자신을 그 성별로 인지하기에 더욱 알맞은 상태가 되고자, 자기가 인지하는 성별에 맞추어

신분등록상의 성별을 바꾸는 데 필요한 요건을 충족시키고자, 그리고 기타 여러 복합적인 이유로 상당수의 트랜스젠더들은 호르몬을 투여하고 성전환 수술을 합니다. 그러나 트랜스젠더라고 해서 모두가 호르몬 치료와 성전환 수술을 원하는 건 아닙니다. 꼭 호르몬 치료와 성전환 수술을 해야만 트랜스젠더인 것도 아닙니다.

해 줘야 하는 말 & 피해야 하는 말

① 스스로 규정한 성별 정체성 인정하기

나쁜 예	좋은 예
- 사람이 태어난 대로 생긴 대로 살아야지 왜 굳이 그렇게 남들과 다르려고 하는지 모르겠다. - 사내자식이 뭐가 부족해서 여자 노릇을 하려고 하냐?	- 선생님도 이제 너를 여학생으로 대하도록 노력할게. 용기 내어 이야기해 줘서 고맙다. - 이름은 똑같이 불러도 되니? 혹시 다른 사람들이 나를 어떻게 불러 주면 좋겠다고 생각해 둔 게 있으면 말해 주면 좋겠다.

② 자긍심 북돋아 주기

나쁜 예	좋은 예
– 되도록이면 다른 애들이 놀릴 만한 옷차림은 너를 위해서라도 안 하는 편이 좋지 않을까 싶다. – 네가 너를 여자라고 생각하는 건 알겠는데 그래도 꼭 그렇게 티를 내야하는 건 아니지 않니?	– 너는 지금 그대로도 무척 멋져. 너 자신을 탓하고 미워하기보다는 스스로 떳떳하고 행복하면 좋겠다. – 네가 스스로 원하는 방식대로 꾸미고 다녀도 괜찮아. 그랬다고 누가 공격이라도 하면 꼭 선생님에게 말해 주렴. 같이 대응 방법을 찾아보자.

여자는 머리가 짧으면

안 되나요?

미진이는 고등학교에 입학하면서 머리를 몹시 짧게 잘랐다. 그러자 교실에 들어오는 선생님들마다 미진이의 짧은 머리에 대해 한마디씩은 꼭 하는 상황이 계속되고 있다. 여학생 머리가 그렇게 짧은 건 교칙 위반이라며 머리를 기르도록 강요하거나, 남자 흉내를 내려고 그러는 것이냐고 비웃거나, 그런 머리를 하면 레즈비언으로 보이기 딱 좋으니 당장 어떻게 하라고 면박을 주는 식이다. 이러한 상황이 계속되자 미진이가 겪는 스트레스도 점점 더 커졌다.

같은 반 친구들도 미진이를 보고 저 정도로 머리가 짧은 걸 보니 분명 레즈비언일 거라고 의심을 하기 시작해 몹시 괴로운 심정이다. 그래도 미진이는 머리를 기르긴 싫다고 한다. 머리를 길러서는 자기 모습을 자기가 원하는 방식대로 만들 수 없기 때문이다. 미진이는 머리를 자기 마음대로 하면서도 괴롭힘을 당하지 않을 방법은 없을지 고민하고 있다. 이럴 때 미진이에게 어떤 말로 도움을 줄 수 있을까?

상담의 길잡이

① 현재 괴로운 점들이 정확히 무엇인지 구체적으로 털어놓도록 돕습니다.

머리를 기르기 싫은데 기르도록 강요당하고, 유사 남성이 아니냐고 손가락질 받고, 레즈비언임이 분명하다고 낙인찍히는 상황 등은 미진이가 감당하기 쉽지 않을 것입니다. 자신의 일상적인 모습을 끊임없이 검열당할 뿐만 아니라 스스로 드러낸 적도 없는 성별 정체성이나 성정체성으로 너무 손쉽게 재단당하는 상황에서 교사를 찾아온 학생입니다. 머리가 짧다는 사실 때문에 부정적인 시선에 노출되고 혐오 대상으로 내몰려 도움을 청한 것입니다. 어떤 지점이 왜 힘들지 교사로서 미루어 짐작하기보다 학생이 편안하게 자기 마음을 꺼내 보이도록 돕는 일이 그래서 중요합니다. 무슨 이야기를 해도 괜찮다고 말해 주십시오. 그리고 학생 입장에서 같이 고민하고자 하는 모습을 보여주세요.

② 본인 뜻에 따라 자기 스타일을 추구해도 괜찮다고, 그럴 권리가 있다고 격려합니다.

자기 머리는 자기가 원하는 대로 하겠다는 의지가 뚜렷한 학생입니다. 숱한 비웃음과 괴롭힘에 시달려 왔지만 굴하지 않고 본인 스타일을 고수하고자 합니다. 그런 단호한 마음가짐을 있는 그대로 지지해 주세요. 아무리 당당한 학생이라 해도 적대적인 환경 속에서 혼자 자기 의지를 지켜나가는 일이란 벅차기 마련입니다. 이때 교사의 응원은 학생이 다시금 용기를 길어올리는 데 긍정적인 영향을 줄 것입니다. 궁극적으로는 교육 현장의 분위기가 해당 학생 뿐만 아니라 모든 학생들이 두발 모양을 자유로이 할 권리를 누리는 쪽으로 변화해가야 하겠습니다.

③ 두발 모양(나아가 전체적인 스타일)은 본인이 레즈비언이거나 트랜스젠더인가 그렇지 않은가와 무관하게 그 자체로 존중되어야 마땅한 문제임을 힘주어 말해 줍니다.

학생은 레즈비언이든 아니든, 본인이 남자라고 생각하든 아니든, 자신을 트랜스젠더로 정체화하고 있든 아니든, 자기가 원하는 모양으로 머리 모양을 할 수 있어야 합니다. 여자는 머리 모양이 어떠해야 한다고 특정하는 것은 부당한 성별 고정관념이자 부자연스러운 성별 표현 규범입니다. 여자도 머리가 짧을 수 있고 남자도 머리가 길 수 있습니다. 누군가가 흔히 기대되는 성별 표현 규범에 어울리지 않는 모습이라고 해서 그 사람이 당연히 트랜스젠더라고 단정 지어서는 곤란합니다.

스스로를 트랜스젠더로 정체화하고 살아가는 사람들 가운데에는 여자나 남자 어느 한쪽의 성별로 무리 없이 통하는 이들 또한 존재합니다. 개인의 성별이란 대개 사회적으로 공유되는 코드를 통해 인지되지만 그렇게 타인들이 인지하는 누군가의 성별이 그 당사자가 스스로 정체화한 성별과 늘 일치하지는 않습니다.

여자라면 남자를 좋아하는 게 당연하다는 잘못된 사고 때문에 머리가 짧아 여자답지 않다고 여겨지는 사람과 여자를 좋아해서 여자답지 않다 여겨지는 사람이 동일시되곤 하나 이는 잘못된 것입니다. 머리가 짧지만 남자를 좋아하는 여자도 있을 수 있고 여자를 좋아하지만 머리가 긴 여자가 있을 수도 있습니다. 긴 머리와 이성애적 성적 지향을 한 데 묶고, 짧은 머리와 동성애적 성적 지향을 한 데 묶어 전자의 묶음은 정상적 계열로, 후자의 묶음은 비정상적 계열로 갈라서 사고하는 것이야말로 고정된 성별 표현 규범과 동성애 혐오가 동시에 작동하며 빚어낸 억압적 검열 기제입니다.

다시 말해 학생이 여자가 머리가 그게 뭐냐고 욕먹는 것도, 머리가 그런 걸 보니 레즈비언인가 보구나 짐작당하는 것도, 남자하려고 머리를 그렇게 깎았냐고 놀림감이 되는 것도 하나같이 다 부당합니다. 학생과 이와 같은 이야기를 나누며 이제까지 학생이 겪어 온 머리 스타일에 대한 검열, 성정체성 및 성별 정체성에 대한 재단, 그리고 그에 따른 낙인이 얼마나 잘못된 것인가에 대해 함께 이야기 나눠 주세요.

④ 실제 레즈비언이거나 트랜스젠더이더라도 그 역시 잘못이거나 고쳐야 할 일이 아님을 강조합니다.

앞서 다루었듯 학생이 단지 머리 스타일만 가지고 레즈비언이라거나 트랜스젠더로 재단당하는 일은 옳지 못합니다. 그러나 학생이 실제로 성적소수자일 수도 있다는 사실 또한 염두에 두고 상담해야 합니다. 우선 자기는 레즈비언도 아니고 트랜스젠더도 아닌데 그렇게 오해를 받아서 스트레스가 큰지 아니면 사실 레즈비언이거나 트랜스젠더인 게 맞아서 정말로 눈치 채면 어쩌나 싶어서 괴로운지 등 학생이 느끼는 괴로움과 어려움의 초점을 잘 잡아내는 작업이 필요합니다.

학생이 머리에 대한 검열뿐만 아니라 레즈비언으로서 혹은 트랜스젠더로서 느끼는 두려움이나 막막함이 있다면 그러한 감정들 역시 대화 속에서 두루 살펴 주세요. 사람은 누구도 레즈비언 혹은 트랜스젠더로 보인다는 이유에서건 실제로 레즈비언 혹은 트랜스젠더라는 이유에서건 낙인의 대상이 되거나 차별을 받아서는 안 됩니다. 성적소수자라는 사실 자체가 잘못이거나 죄일 수 없음을 학생에게 분명히 이야기해 주세요. 머리 스타일을 억지로 바꿀 필요가 없듯 자기 성정체성이나 성별 정체성도 마찬가지임을 알려 주세요. 레즈비언이어도 괜찮고, 트랜스젠더여도 괜찮다고, 고칠 필요 없다고 강조해 주세요.

⑤ 성역할에 대한 편견이나 비규범적 성정체성과 성별 정체성에 대한 혐오로 일어나는 학내 괴롭힘을 없앨 필요성에 대해 공감대를 형성하도록 합니다.

학생 개인의 의지와 교사 한 사람의 공감과 격려만으로는 학생이 처한 상황을 근본적으로 변화시키기 어렵습니다. 실질적인 변화를 위해서는 실질적인 조치가 필요합니다. 우선 학생의 두발 모양이 실제 교칙 위반에 해당하는가를 확인한 뒤 만일 해당한다면 먼저 교칙을 수정해야 합니다. 교칙 위반에 해당하지 않는다면 교칙을 운운하며 학생에게 보수적인 성별 표현 규범의 잣대를 들이댄 다른 교사들의 태도와 행동을 변화시킬 수 있는 방법을 모색해야 합니다. 그리고 다른 학생들에게는 비규범적인 성별 표현, 성별 정체성, 성정체성이 괴롭힘과 차별의 이유가 되어서는 안 된다는 사실을 제대로 배울 기회를 꾸준히 제공해야 합니다.

학교 차원에서 깊이 있는 내용의 교육 진행이 어렵다면 성적소수자 인권 운동 단체 등의 외부 관련 단체를 통한 기획 특강을 진행해서라도 학생들이 다양한 성별 표현, 성별 정체성, 성정체성들을 친숙하게 이해하도록 도와야 합니다. 자신과 달라 보인다거나 자기한테 낯설다는 이유로 또래 친구들을 낙인찍고 따돌리고 괴롭히는 일이 없게 해야 합니다. 이와 같은 변화를 꾀하는 사람은 굳은 의지뿐만 아니라 설득력 및 추진력 또한 필요합니다. 학생 입장에서는 이 모든 과정에서 주목의 대상이 될 경우 큰 부담을 느낄 수도 있습니다. 그러니 여러 가지 변화를 모색할 때는 학생과 협력하여 방법을 찾고 기획하면 좋겠습니다.

관련 기본 지식

우리 사회는 여자다움과 남자다움 혹은 여성성과 남성성의 규범을 끊임없이 만들고 재생산하고 강화하며 사람들을 그 규범에 맞게 사회화시킵니다. 모두들 자기가 부여받은 성별에 걸맞은 성역할을 문제없이 수행하도록 훈련받고 자기가 부여받은 성별에 기대되는 방식의 성별 표현을 구사하도록 요구받습니다. 여자다움과 남자다움 혹은 여성성과 남성성이 이런 훈련과 사회적 요구를 통해서 수행된다는 사실, 그래봤자 완벽한 수행이란 불가능하다는 사실은 그와 같은 이분법이 부자연스러운 것이라는 방증입니다. 사람들은 저마다 자기만의 방식으로 자기 성별을 표현하고 수행하기 마련이며 이때 누구의 표현과 수행도 규범적인 여성성 및 남성성에 정확히 들어맞기 어렵습니다. 이렇듯 여자다움과 남자다움 혹은 여성성과 남성성의 구도는 애초부터 한계가 있습니다.

여자다움–여성성의 영역과 남자다움–남성성의 영역을 가르는 기준부터가 맥락에 따라 유동적이기도 합니다. 하기에 기존 구도에서는 규범적 여성성에 포함되던 특징이 새로운 구도에서는 규범에 부합하지 않는 여성성이 되어버리거나 그 반대의 상황이 생기는 경우가 허다합니다. 그렇다면 어떤 특정한 성별 표현이 절대적이거나 보편적으로 탈규범적이거나 합규범적이기란 어렵겠지요.

해 줘야 하는 말 & 피해야 하는 말

① 자기 고유의 표현 방식 격려하기

나쁜 예	좋은 예
- 여자라면 모름지기 이렇게 해야 하고 남자라면 아무래도 저렇게 해야 한다는 규범이 괜히 있는 게 아니야. 그래야 남녀가 서로 어울려 살아가는 법이다. - 머리 좀 기르는 게 그렇게 어렵니? 어차피 졸업하면 다 네 마음대로 할 수 있는데 말이다. 참을 줄도 알아야 하는 거야.	- 여자는 여자다워야만 하고 남자는 남자다워야만 한다는 법이란 없단다. 여자답다는 것, 남자답다는 것 자체가 굳이 협소하게 제한될 필요도 없고 말이야. 나만의 여자다움, 나만의 남자다움을 추구하면 된다고 생각해. - 네가 가장 편안하고 자연스럽게 여기는 쪽으로 너 자신을 표현하면 돼. 그게 네게 제일 옳은 방식이야.

② 성별 표현, 성별 정체성, 성정체성과 관련하여 긍정적인 메시지 전하기

나쁜 예	좋은 예
- 남자라는 오해, 동성애자라는 오해까지 받아가면서까지 고집을 피우는 이유를 모르겠구나. 설마 정말 너네가 남자라고 생각하니? 아니면 레즈비언이기라도 한 거야? - 어쩐지 너 좀 희한한 애다 싶었다. 동성애자라서 그렇게 남자애 같았던 것이로구나.	- 남자 같아 보여도, 네가 실제로 너를 남자로 여긴다고 해도 괜찮아. 여자로서 여자를 좋아한다 해도 그 또한 괜찮단다. 어떤 경우라도 너는 있는 그대로 존중받아야 해. - 네가 왜 짧은 머리를 고수하려 하든 그 이유가 뭐라도 괜찮아. 머리를 짧게 하고 싶다는 마음 자체가 잘못된 게 아니기 때문이야. 선생님은 어떤 경우라도 네 의지를 존중할게.

③ 놀림 당하는 상황을 위로하기

나쁜 예	좋은 예
- 애들 입장에서는 놀리는 것도 당연한 거야. 네가 특이해서 그런 걸 어떻게 하냐. 대충 넘겨 버려라. - 네가 굳이 그렇게 하고 다니고 싶으면 다른 사람들이 보이는 반응도 감수해야 하는 거 아니겠니. 어떻게 다들 너 좋은 대로만 너를 봐 줘.	- 단지 머리 하나 내 마음대로 하겠다는 건데 그걸로 이렇게 갖은 놀림을 받으니 얼마나 속상하니. 내가 네 상황이었어도 많이 서러웠을 것 같다. - 구설수를 견디기 많이 힘들지? 어떻게든 그런 소리 좀 덜 듣게 선생님하고 같이 방법을 찾아 보자.

사례 1-1 동성 교제가 불안해 남자가 되고 싶은 '여자' 학생

정말 미치도록 남자가 되고 싶습니다. 지금 사귀는 여자 친구를 위해서
도 그렇지만 저는 남자로서 남자 생활을 하고 싶습니다. 다른 남자들은
편하게 태어날 때부터 남자로 나서 잘만 사는데 전 이토록 바라고 간절
히 원해도 될 수 없으니 무척 슬픕니다. 제 여자 친구는 원래 남자를 좋
아하는 이성애자입니다. 여자를 좋아하는 건 제가 처음이라고 그리고
아마 마지막일 거라고 합니다. 그래서 더 불안합니다. 얘가 저보다 더
남자 같은 다른 남자를 좋아하게 될까봐서요. 하루하루가 스트레스입
니다. 남자들이 부럽습니다. 그들은 저의 경쟁자들이자 롤모델입니다.

상담 포인트

이런 경우를 FTM 트랜스젠더라고 하지요. 물론 위의 상담 내용만으로
트랜스젠더인지 아닌지는 그 누구도 확신할 수 없습니다. 만약 남자가
되고 싶은 마음이 여자 친구와 연애를 더 잘하기 위해서라면 반드시 남
자가 되어야지 사랑을 잘 할 수 있는 건 아니라고 이야기해 주세요.
그러나 여자 친구가 자신을 떠나버릴 것에 대한 불안감보다 자신이 남
자임에도 여자로 보이는 육체 때문에 동성애 커플로 비치는 것에 대한

불편함이라면 트랜스젠더로서 어떻게 살아가고 연애를 할 것인가에 대한 조언이 필요합니다. 이런 상담이 선생님들에게 쉽지 않을 것입니다. 하지만 그것이 선생님이 상담으로 아무런 도움이 되지 못한다는 의미는 아닙니다. 미치도록 남자가 되고 싶은 것 자체가 나쁘거나 잘못된 감정이나 판단이 아니라는 것만 먼저 믿어 주세요. 미칠 만큼 힘들어하는 이 학생의 마음의 짐을 어떻게 하면 덜어줄 수 있는지가 상담의 포인트입니다.

08 동성애 혐오성 괴롭힘

사례 1

친구들이 제가 레즈비언이라고 소문을 내고
괴롭히기 시작했어요.

고등학생인 경원이는 1년 가까이 좋아했던 같은 반 동성 친구에게 고백을 했다. 그런데 고백 받은 친구가 이 사실을 다른 학생들에게 퍼뜨렸다. 이후 몇몇 학생들이 경원이에게 "너 레즈라며?" 하고 추궁하듯 묻고 "더럽다"는 등 욕설을 하거나, 복도에서 괜히 부딪치고 지나가는 등 경원이를 괴롭힌다. 경원이는 아이들과 마주치기 싫어 화장실에 가고 싶어도 참곤 한단다. 괜히 말싸움이라도 나면 소문이 학교 전체로 퍼질까 봐 어쩔 수 없이 참는다는 것이다. 경원이는 앞으로 학교생활을 버틸 수 있을지 걱정하고, 소문이 퍼져 다른 선생님이나 부모님에게 혼이 날까봐 두려워한다. 경원이를 어떻게 도울 수 있을까?

상담의 길잡이

① 피해학생을 둘러싼 소문보다 구체적인 괴롭힘에 집중합니다.

다수의 학생들이 동성애 비하적인 표현을 사용하면서 경원이를 괴롭히고 있습니다. 이 사건에서 경원이가 레즈비언이 맞는지 아닌지는 중요하지 않습니다. 문제는 경원이네 반에 동성애자를 비하하고 혐오하는 분위기가 만연하고, 이것이 동성애자로 의심되는 친구를 집단적으로 괴롭히는 것으로 이어져 왔다는 사실입니다. 따라서 교사는 경원이를 둘러싼 소문이 사실인지 여부에 초점을 두기보다는 친구들의 괴롭힘이 언제부터, 어느 정도로 진행되어 왔는지에 집중해서 경원이에게 구체적으로 묻고 확인해야 합니다.

② 피해학생과 신뢰 관계를 형성하고 해결 방법을 함께 찾습니다.

동성애자라는 이유로 괴롭힘을 당하는 학생은 부모나 교사로부터 비슷한 대우를 받을 것을 염려해 도움을 요청하기 힘듭니다. 따라서 사건을 목격하거나 신고가 접수되었을 때 교사와 피해학생 간의 신되는 무엇보다 중요합니다. 선생님이 경원이의 성정체성을 문제 삼지 않고, 사건 해결을 위해 경원이의 조력자가 되어줄 것임을 분명하게 표현해 주세요. 만약 상담 중에 경원이가 레즈비언임을 밝힌다면 문제를 해결하는 과정에서 경원이의 성정체성을 공개할 것인지, 그렇지 않을 것인지도 본인과 충분히 상의해야 합니다. 경원이가 원치 않는 범위까지 사건이 공개되지 않도록 주의하고, 부모님이나 동료 교사들과의 면담이 필요하다고 판단되는 경우에는 본인한테 반드시 동의를 구합니다. 상담 교사나 담임교사가 일방적으로 해결 방법을 결정하기보다 피해학생과 함께 대책을 마련해 나가는 편이 좋습니다.

③ 피해학생의 안전을 확보하면서 가해학생을 징계하고 교육하는 방법을 고민합니다.

가해학생을 벌하는 것과 더불어 상담과 교육을 통해 성적소수자에 대한 인식과 행동을 변화시킬 수 있는 계기를 마련해 줍니다. 괴롭힘의 정도에 따라 일시 보호나 학급 교체, 전학 등도 고려할 수 있습니다. 피해학생의 의견을 최대한 존중하는 가운데 2차 가해로부터 안전한 방법을 택하도록 합니다. 또한 과정이 종료되더라도 지속적으로 상황 변화에 관심을 가져야 합니다. 학교 내에 매뉴얼이 마련되지 않았다면 성적소수자 인권 단체나 관련 상담 기관에 가해학생 재교육을 위탁하거나 정보 제공을 요청할 수 있습니다.

눈에 보이는 폭력을 가한 학생 몇몇을 불러서 꾸짖거나 처벌하는 것만으로는 사건 해결과 재발 방지에 큰 도움이 되지 않습니다. 사례를 보면 불특정 다수의 학생이 동성애를 혐오하는 분위기 속에서 경원이를 따돌리고 괴롭히는 데에 암묵적으로 동참하고 있을 가능성이 높습니다. 이는 자신 또한 피해자가 될까 봐 두렵거나, 쉽게 지지받지 못할 행동을 할 용기가 나지 않기 때문입니다. 따라서 교육은 모든 학생들에게 필요합니다.

타인의 성적 지향과 성별 정체성을 이유로 놀리거나 괴롭히는 것은 옳지 않다는 사실을 학생들에게 지속적으로 교육할 필요가 있습니다. 또한 학교가 동성애 혐오성 괴롭힘을 용인하지 않을 것임을 모든 학생들에게 분명하게 표현해야 합니다. 교사들은 사건을 신고하거나 피해학생을 돕기 위해 개입한 학생들이 인정받도록 하는 눈에 보이는 규칙을 제안할 수 있습니다. 학교 구성원의 인식 변화가 전제되어야 성적소수자에게 안전한 학교를 만들 수 있습니다.

④ 피해학생의 상처를 치유하기 위한 상담, 기관 연계 등 다양한 방법을 모색합니다.

또래 집단으로부터 경험한 혐오성 폭력은 피해학생에게 오랫동안 상처로 남습니다. 경원이가 친구들로부터 받은 상처를 회복하는 과정을 돕기 위해 교사는 성적소수자에 대한 이해가 풍부한 상담 기관이나 인권 단체를 연계해 필요한 지원을 할 수 있습니다. 또한 경원이에게 십대 성적소수자 커뮤니티를 소개함으로써 학생이 고립된 상태에서 벗어나 지지받는 경험을 하는 중요한 기회를 제공할 수 있습니다.

⑤ 동성애 혐오성 괴롭힘 예방을 위한 장기적인 계획을 세웁니다.

학교에서 모든 학생들을 대상으로 성적소수자에 대한 인권 교육을 정기적으로 시행하도록 계획합니다. 또한 괴롭힘이 발생하면 피해자나 목격자가 안심하고 신고할 수 있는 창구를 마련해도 좋습니다. 피해학생을 돕거나 사건을 신고하는 행동이 장려되어야 합니다.

관련 기본 지식

주류의 성과 젠더 규범에 부합하지 않는 것으로 여겨지는 사람들을 동성애에 대한 혐오를 매개로 낙인 찍고 괴롭히는 행위를 '동성애 혐오성 괴롭힘'이라고 합니다. 동성애자 당사자에 대한 혐오성 비난과 폭력뿐만 아니라 실제 사실과는 무관하게 남들과 달라 보이는 누군가를 동성애자로 쉽게 단정 짓는 행위 또한 같은 종류의 괴롭힘입니다. 괴롭힘은 놀리기, 조롱하기 등의 언어적 폭력이나 밀치기, 옷 벗기기 등의 신체적 폭력 그리고 따돌림, 투명인간 취급 등의 사회적 배제 등을 아우릅니다. 사례와 같이 소위 남자답지 못한 남학생,

또는 겉으로 인식되는 성별과 다른 성별 표현을 하는 학생들이 이러한 괴롭힘에 특히 취약합니다.

학교에서의 동성애 혐오성 괴롭힘은 학생의 교육권을 침해하고 신체적, 정신적 상처를 남기는 심각한 문제입니다. 피해학생은 학교가 더 이상 안전한 공간이 아니라고 인식하면서 학교를 결석하기도 하며, 본인 뜻에 반하여 학교를 중퇴하게 되기도 쉽습니다. 피해 경험으로 인해 우울하고 불안해지며, 심한 경우 자해나 자살로 이어집니다. 괴롭힘을 가하는 학생 또한 교정이 되지 않으면 더욱 폭력적인 행동을 하게 되고, 이러한 성향이 다른 또래들과의 관계에도 부정적인 영향을 끼칩니다. 동성애를 혐오하는 분위기 속에서 괴롭힘을 목격한 주변 학생들은 같은 피해자가 되지 않기 위해 자기 검열을 하고, 피해학생의 편에 서는 것을 포기하게 됩니다. 따라서 피해학생이나 가해학생, 이들 주변에 있는 모든 학생들을 위해 동성애 혐오성 괴롭힘에 대한 교사들의 관심과 개입은 반드시 필요합니다.

아웃팅은 타인이 내 의사와 상관없이 혹은 내 의사에 반하여 내 성정체성을 폭로하는 것을 의미합니다. 이러한 아웃팅은 발생한 상황과 맥락에 따라 문제가 되지 않을 수 있습니다. 성적소수자를 있는 그대로 존중하는 사회라면 동성애자나 양성애자로서의 성정체성이나 트랜스젠더로서의 성별 정체성이 드러나도 그와 같은 정체성을 이유로 당사자가 피해 입는 일은 없을 것이기 때문입니다. 문제는 성적소수자에 대한 편견이 만연한 사회에서는 아웃팅이 또래 집단의 괴롭힘이나 조직 내에서의 차별로 이어질 가능성이 매우 높다는 데 있습니다. 이로 인한 고통은 오로지 당사자가 감내해야 하는 일이기에, 당사자 동의 없이 이루어지는 아웃팅은 항상 경계해야 합니다. 성적소수자가 직접 자신의 성정체성을 표현하는 실천인 커밍아웃은 성적소수자 모두에게 무척 중요합니다. 그만큼 바로 표현하고 싶을 때에 표현할 수 있어야 한다는 점도 중요합니다.

해 줘야 하는 말 & 피해야 하는 말

① 피해학생을 지지하며 문제의 원인 다루기

나쁜 예	좋은 예
– 네가 정말 레즈비언인거니? – 네가 레즈비언이 아니라고 말하면 애들이 더 이상 안 놀리지 않겠니?	– 너의 성정체성이 정확히 어떤 건지 말하지 않아도 괜찮아. 하지만 다른 친구들이 함부로 너의 비밀을 말하고 다녔다니 나도 화가 나는구나. – 네가 어떤 성정체성을 지녔건 존중받아 마땅하단다. 친구들이 그걸 가지고 놀리고 괴롭히는 건 분명히 잘못된 거야.

② 문제 해결 방법 함께 찾기

나쁜 예	좋은 예
– 친구들이 때리거나 하진 않았지? 그럼 괜찮아. – 학년이 바뀌면 금방 잊혀질 거야. 그때까지만 참으렴.	– 선생님은 네 편이 되어 줄 거야. – 선생님이 이런저런 방법들을 생각해 보았는데, 너는 어떻게 하고 싶은지 이야기해 보자. – 친구들에게 어떤 점이 가장 화가 났니?

사례 2

애들이 제 바지를 벗겼어요.

현민이는 다른 남학생들에 비해 행동이 다소곳하고 목소리도 가늘다. 운동을 잘 하지 못하는데다 종종 '어머!'라는 감탄사를 사용하다 보니 다른 학생들이 현민이를 '여자', '게이', '호모'라고 놀리곤 한다. 선생님들도 학생들이 현민이를 놀리는 소리를 들은 적이 몇 번 있다. 그런데 어느 날 쉬는 시간에 3명의 학생이 다른 학생들이 보는 앞에서 현민이를 책상 위에 눕히고는 '남자가 맞는지 확인해 보자'면서 바지를 끌어내렸다고 한다. 그중 한 명은 "여자가 왜 남자 성기를 달고 있냐", "남자가 벗겨주는데 안 좋냐"는 등의 말을 했고, 이를 지켜보던 학생들은 폭소를 터뜨렸다고 한다. 현민이는 그 상황이 매우 수치스러웠다고 털어놓았다. 이 사건을 어떻게 해결해야 할까? 그리고 현민이에게는 어떠한 지원이 필요할까?

상담의 길잡이

① 현민이의 진술을 경청하고 존중하면서 구체적인 상황을 확인합니다.

가해학생들은 현민이가 보통의 남학생들과 다른 외모나 목소리, 성격을 가졌다는 이유로 바지를 벗기고 모욕적인 말을 했습니다. 이는 성폭력이자 동성애 혐오성 괴롭힘으로 매우 심각하게 다뤄야 하는 사안일 수 있습니다. 가장 먼저 현민이의 진술을 바탕으로 구체적인 피해 상황을 확인하고 현민이의 감정과 생각을 충분히 들을 필요가 있습니다.

교사는 현민이가 스스로 부끄러워해야 할 일을 당한 것이 아니며, 이 사건에서 현민이에게 잘못이 없음을 분명하게 이야기해 줘야 합니다. 현민이가 자책하거나 자기 가치를 훼손당했다고 느끼지 않도록 지지해 주세요.

② 상황 악화를 막는 조치를 취하고 대응 방법을 찾습니다.

가해학생이나 다른 학생들이 피해를 신고한 현민이를 비난하거나 괴롭히는 등 2차 가해가 발생하지 않도록 미리 대처해야 합니다.

가해학생에 대한 대응에 있어 현민이의 의사를 존중해야 합니다. 현민이를 중심에 두고 상담을 진행하고 문제를 해결하고자 하는 태도를 가져야 합니다. 가해학생이나 학교 입장을 먼저 고려하면 상황은 더욱 악화될 수 있습니다. 가해학생들을 징계할 수도 있지만, 재발 방지를 위해 가해학생 스스로 잘못을 직면하고 진심으로 반성할 기회를 주는 것이 먼저 필요합니다.

다른 주변 학생들 역시 현민이가 겪은 일에 대해 방관하거나 조장한 책임이 있다는 것을 인식할 수 있도록 해야 합니다. 반 전체가 전문적인 반反성폭력 교육과 성적소수자 인권 교육을 받을 수 있도록 시간을 마련하는 것이 필수적입니다.

③ 현민이가 다른 학생들에게서 고립되지 않도록 돕고, 상처를 치유할 수 있는 전문 기관과 연계합니다.

현민이가 심리적 충격을 크게 받았을 수 있으므로 전문적인 상담이나 진료를 받을 수 있도록 돕습니다. 성폭력 피해자 상담이나 가해자 교육은 성폭력 상담소 등에 보다 전문적인 상담을 의뢰할 수 있습니다. 물론 피해 정도에 따라 학생의 의사를 살펴 결정하는 것이 좋습니다.

관련 기본 지식

동성애 혐오성 괴롭힘에 관해서는 사례 1의 내용을 참고하세요.

상대방 의사와 상관없이 또는 의사에 반하여 가해지는 성을 매개로 한 모든 신체적·언어적·정신적 폭력을 성폭력이라고 정의합니다. 이는 강간·추행 등 신체에 가해지는 성적 폭력뿐만 아니라, 상대방에게 불쾌감이나 공포감 등을 줄 수 있는 성적 희롱, 성적 표현을 포괄하는 것입니다.

남성이 여성에게, 여성이 남성에게, 그리고 사례와 같이 남성이 남성에게 가하는 폭력이나 여성이 여성에게 가하는 성적 폭력도 성폭력입니다. 다만 우리 사회에는 아직도 가해자는 남성, 피해자는 여성이라는 고정관념 때문에, 피해를 입고도 말하지 못하거나 가해를 하고도 가해로 인식하지 못하는 사람들이 많을 뿐입니다. 동성 간이라고 해서 일방적인 성적 접촉이나 모욕적인 언어 표현을 그저 짓궂은 장난으로 치부할 수는 없습니다. 가해자나 피해자의 성별에 따라 피해자가 입은 상처의 경중이 나뉠 수는 없습니다.

해 줘야 하는 말 & 피해야 하는 말

① 피해 경험 다루기

나쁜 예	좋은 예
- 친구들이 짓궂게 장난을 쳤구나. - 네가 좀 더 적극적으로 저항하고 항의할 수는 없었니?	- 이건 네 잘못도 아니고 네가 부끄러워 할 일도 아니야. 그 아이들이 정말 큰 잘못을 저지른 것이고 그 아이들이 부끄러워해야 할 일이란다. - 선생님은 네가 그때 느꼈고 지금 느끼고 있는 힘들고 고통스러운 감정들을 숨기지 말고 충분히 표현하면 좋겠다.

② 상처를 치유하고 대응 방법 찾기

나쁜 예	좋은 예
– 이 일을 크게 문제 삼으면 너에게도 더 피곤해지지 않을까? – 친구들이 장난을 쳤다고 생각하고 이번 한번은 용서해주자.	– 성폭력 상담소와 같은 전문적인 기관을 알아볼 테니 같이 상담을 받아 보는 것은 어떨까? – 그 아이들이 한 일에 대해서는 합당한 처벌을 받을 수 있어. 현민이는 사과를 요구할 수도 있고, 반 아이들 모두 성폭력 관련 교육을 받고 공동으로 해결책을 찾을 수도 있어. 어떻게 하는 것이 좋을지 생각해 보고 같이 결정하자.

비슷한
사례들

사례 1-1 블로그를 통해 게이라는 것이 알려진 후 괴롭힘 당한 경수

저는 동성애자인 제 이야기를 담은 블로그를 운영하고 있었습니다. 그
런데 몇몇 아이들이 우연히 블로그를 보고 제가 게이라는 것을 알게 되
었나봐요. 그 뒤로 저를 괴롭히기 시작했어요. 저와 친한 친구가 참다
못해 담임 선생님에게 이야기했어요. 반 아이들은 제 필통이나 교과서
를 훔쳐가거나 책상과 의자를 일부러 넘어뜨렸습니다. 교과서와 책상,
의자 등에 '게이 새끼'라는 욕설을 적어 놓기도 했습니다. 종이뭉치를
던지거나 일부러 발을 걸어 넘어뜨리기도 하고 침을 뱉기까지 했어요.
담임 선생님이 저를 불러 왜 아직까지 이야기하지 않았느냐고 물어보
더군요. 전 모두가 저를 혐오하는 시선으로 보고 도와주지 않을 것 같
았다고 대답했습니다. 저는 지금 학교에 가는 게 너무 두렵습니다.

상담 포인트

경수는 담임선생님도 자신을 혐오하는 시선으로 볼까봐 괴롭힘에 대해
털어놓지 못했습니다. 그러니 경수가 지닌 게이 정체성을 존중하고 동
성애에 대해 혐오와 편견에서 벗어나고자 노력하고 있음을 표현해 주
세요. 경수의 어려움에 공감하면서 열린 마음으로 경수와 신뢰관계를

쌓아가는 것이 이 같은 상담에서 매우 중요합니다. 경수가 동성애자라는 사실보다 경수가 동성애자라는 이유로 상습적인 괴롭힘을 당했다는 사실에 초점을 맞춰, 경수를 보호할 수 있는 방법과 가해행위를 멈출 수 있는 방법을 고민해 주세요. 이때 전적으로 경수가 원하고, 경수에게 안전하며 무리가 되지 않는 방향으로 결정해야 합니다. 경수의 동의 없이 부모님에게 이 상황을 알리는 것도 위험할 수 있으니 주의하세요. 가해학생 처벌에 있어서, 반 전체가 동성애 혐오적인 분위기를 용인하고 있다면 가해자가 명확히 구분되지 않을 수 있습니다. 몇몇 가해자를 처벌하더라도 같은 일이 반복될 수도 있습니다. 그래서 반 전체 학생을 대상으로 아웃팅이 성적소수자들에게 얼마나 큰 고통과 위협이 되는지 교육하는 시간이 필요합니다. 성적지향이나 성별정체성, 혹은 게이 같아 보인다는 이유로 괴롭히는 게 해당 학생에게 얼마나 큰 상처가 되는지 공감할 수 있는 자리를 마련해 주세요.

사례 2-1 아웃팅 협박을 하는 선배에게 성폭행을 당한 레즈비언

저는 스스로 레즈비언이라고 정체화한 지 2년 정도 되었고 지금 애인과

1년이 넘도록 사귀고 있어요. 그런데 저와 애인 사이를 의심하던 남자 선배가 어떻게 알았는지 우리 관계를 알게 되었어요. 그리고 제가 동성애자인 사실을 우리 집에 알려 버리겠다고 협박했어요. 그리고 저를 성폭행했습니다. 더 이상 이렇게 당하고 싶지 않은데 저를 아웃팅하는 것도 지켜볼 수는 없어요. 어떻게 하면 좋을까요? 제발 도와주세요.

상담 포인트

아웃팅 협박을 하며 레즈비언을 상대로 성폭력을 저지르는 사건이 종종 발생합니다. 이러한 경우에는 즉시 성폭력 상담 기관 및 성적소수자 인권 단체에 연락해서 대응책을 마련해야 합니다. 가장 먼저 상담을 요청한 학생의 신변을 안전하게 보호하고 가해학생 또는 그 부모, 다른 학생에 의한 2차 가해를 방지하기 위한 방법을 모색해야 합니다.

대응 방법을 고려하는 데 있어 학생의 의사를 최대한 존중해야 합니다. 또한 아웃팅을 크게 우려하고 있는 점을 이해하고, 이를 존중하는 태도를 반드시 견지해야 합니다. 학생을 탓하거나 어떻게 계속 그렇게 당했냐면서 이해하지 못하는 태도를 보이기보다는, 학생의 고통과 고민에 공감하며 위로와 격려를 보내는 것이 중요합니다.

09 커밍아웃1 고백

사례
1

친구에게 고백하고 싶습니다.

어떻게 하면 좋을까요?

동성애자 정체성에 대한 고민으로 종종 상담실을 찾던 은주가 이번에는 좋아하는 여자 친구에게 고백을 하고 싶다는 이야기를 꺼냈다. 자기가 짝사랑하는 친구가 과연 자기를 좋아할지 모르겠고, 혹시 거절당할까 두렵다고 털어놓았다. 하지만 교사 입장에서는 그 고백을 계기로 은주가 여자를 좋아하는 레즈비언이라는 사실이 또래 학생들 사이에서 소문이라도 나면 어쩌나 싶어 되도록이면 은주를 말리고 싶다. 뒤따를 수군거림과 손가락질에 은주가 풀이 죽거나 마음에 상처를 받을지도 모른다는 생각이 들자 영 걱정이 앞선다. 어떻게 고백을 하면 좋을지, 어떤 선물을 줄지 이야기를 풀어놓으며 기대에 부푼 은주에게 무슨 말을 해주면 좋을까?

상담의 길잡이

① 좋아하는 친구에게 고백하고 싶은 마음을 공감해 줍니다.

어떤 계기로 그 친구가 좋아졌는지, 그 친구와는 원래 친한 사이인지 등을 물어보며 설레는 마음을 편안하고 자유롭게 꺼내 놓도록 이끕니다. 누군가를 좋아하게 되었을 때 벅차오르는 마음이란 다른 사람에게 털어놓지 않고서는 못 배길 만큼 강렬한 것이라는 데 공감을 표하며 선생님에게라도 실컷 이야기하도록 해 줍니다. 은주는 이 이야기를 다른 친구들에게 도무지 털어놓을 수가 없어 매우 쓸쓸했을지 모릅니다. 선생님이 자기 이야기를 진지하게 들어주는 것만으로도 학생은 큰 힘을 얻을 수 있습니다.

② 고백이 상대방에게 커밍아웃으로 여겨질 가능성을 알려주며 그에 대비하도록 권유합니다.

은주가 좋아하는 동성 친구와는 구체적으로 어떤 관계인지, 고백했을 때 이루어질 가능성은 얼마나 있는지, 그 친구가 은주와의 일을 또래들 사이에서 퍼뜨려 놀림감으로 삼지는 않을지, 어느 것도 확실히 알 길이 없다는 사실이 이 사례의 핵심입니다. 그 불확실성 때문에 학생의 결심과 용기를 지지하고 격려하는 일만큼이나 고백 과정에서 친구에게 당부해야 할 부분이나 고백 이후 상황에 대한 대처 방법을 미리 생각해 볼 수 있도록 조언하는 것이 중요합니다.

고백이 상대에게 본인의 성정체성을 알리는 계기로 작용할 수 있다는 사실을 은주가 확실히 아는 것도 중요합니다. 고백을 준비하는 당사자가 이런 상황을 십분 이해하고 예상하며 일을 도모하도록 해야 합니다. 상대방이 동성애에 대해 평소 어떻게 생각해 왔는지, 고백 이후에는 상대 반응에 따라 어떤 상황들이 펼쳐질지, 각 상황에 따른 대응은 어떠해야 할지 등에 대해 학생 스스로 질문을 던져보며 현실적으로 계획을 세우도록 돕습니다.

고백의 상대에게 이 사실을 다른 사람에게는 말하지 않았으면 한다고 부탁해 보면 어떻겠냐고 제안해 봐도 좋습니다. 혹시라도 학교에 소문이 나서 친구들이 못살게 굴면, 언제든 선생님에게 도움을 요청하라는 다짐을 단단히 받아두는 것도 좋습니다.

③ 거절당할 상황에 대한 마음의 준비도 하도록 돕습니다.

고백을 받은 친구의 반응은 여러 가지로 예상이 가능합니다. 고백이 받아들여져 연애가 성사되는 경우는 아마도 최선의 결말일 터이므로 논의에서 제외하고 최악의 경우부터 살펴봅시다. 먼저 여자가 여자를 좋아한다는 사실 자체를 전혀 이해하지 못하고 심지어 끔찍하게 여기는 상황이 있겠습니다. 고백이 받아들여지기는커녕 나쁜 소문만 퍼지지 않아도 다행인 그런 상황일 터입니다. 이때 은주는 거절로 인한 상처, 그리고 자기한테 향하는 낙인의 시선을 모두 겪게 됩니다. 이보다 한결 나은 상황으로는 친구가 은주의 마음은 거절하되 여자가 여자한테 고백을 한다는 사실 자체는 그럴 수 있는 문제라고 아무렇지 않게 받아들이는 경우입니다. 이럴 경우 은주는 거절로 인한 상처를 입을지언정 자기감정을 근본적으로 부정당하거나 비난받는 경험은 하지 않게 됩니다.

이 두 가지 가능성을 모두 언급하면서 각각의 경우 어떻게 마음을 다스리면 좋을지 은주 스스로 미리 생각해 보도록 독려합니다. 고백을 거절당하든 여자를 좋아한다는 사실로 비난을 받든 그와 같은 거절이나 비난과 무관하게 '너는 있는 그대로 소중한 존재'라는 사실을 기억해야 한다고 단단히 일러둡니다. 또한 여자를 좋아한다는 사실에 대한 비난이나 비웃음이야 부당하기 이를 데 없는 일이지만 고백에 대한 거절이란 의연히 받아들일 수 있어야 한다는 이야기도 해 줄 필요가 있습니다.

④ 지나치게 염려하는 모습은 삼가도록 합니다.

교사가 학생에 대한 걱정이 앞서 고백하기로 한 결심 자체에 대해 부정적인 입장만을 취할 경우 학생은 자기 성정체성을 드러내거나 좋아하는 동성 친구에게 고백하는 일을 그른 일로 받아들일 수 있습니다. 학생이 고백은 하면 안 되는 일이 아니라 철저하게 잘 준비해서 해야 하는 조심스러운 일로 받아들이도록 신경 써서 설명해 줘야 합니다.

관련 기본 지식

커밍아웃이란 동성애자, 양성애자, 트랜스젠더 등의 성적소수자가 자신의 성정체성이나 성별 정체성을 타인에게 직접 알리는 행동을 가리키는 말입니다. 벽장 안에 숨거나 갇힌 사람은 벽장 밖 사람들에게 보이지 않습니다. 이성애만이 정상이라고 여기고, 출생 시 지정된 성별만이 자연스러운 성별이라고 여기는 사회에서는 사람들을 대개 이성애자로, 비非트랜스젠더로 가정합니다. 보다 정확히 말하면 모두가 당연히 이성애자이기를 요구받고 트랜스젠더가 아니리라 생각합니다. 그렇기 때문에 성적소수자의 존재는 사회적으로 가시화되지 않고 묻혀버리기 쉽습니다. 일상적인 관계망 안에서도 성적소수자의 존재는 거의 드러나지 못합니다.

성적소수자들이 그렇게 어둠 속에 묻히거나 뒤안길에 버려지길 거부하고 자기 존재를 드러내는 일이 바로 커밍아웃입니다. 이는 자연스럽고 당연하다는 듯 전제되는 이성애자나 비트랜스젠더로서의 정체성으로, 즉 규범적인 성정체성이나 성별 정체성으로 살아가는 사람들에게는 사실상 필요 없는 과정입니다.

반면 성적소수자들에게 커밍아웃이란 자신의 성정체성과 성별 정체성을 매개로 인지되고 인정받고 기억되기 위해 꼭 필요한 과정입니다. 벽장 속에 머물던 사람이 문을 열고 바깥으로 나오면 그전까지는 벽장 속에 누군가가 있었는지조차 몰랐던 바깥 사람들이 비로소 벽장 속에 있었던 그 누군가의 존재를 인지하게 됩니다. 성적소수자의 커밍아웃이 바로 그렇습니다. 나는 동성애자다. 나는 양성애자다. 나는 트랜스젠더다. 이렇게 드러냄으로써 내가 지금-여기에 살아 숨 쉬고 있음을 확실히 해 두는 것입니다. 성정체성이나 성별 정체성의 범주를 사용한 선언만이 커밍아웃인 것은 아닙니다. 나는 동성을 혹은 동성도 사랑하는 사람이라고 말하거나 나는 사실 남자(여자)가 아니라 여자(남자)라고 털어놓는 등의 표현 역시 커밍아웃의 일종입니다.

성적소수자들은 커밍아웃을 통해 숨김없이 솔직하게 자신을 드러내는 경험을 합니다. 스스로 자기 정체성에 떳떳한 모습을 취하며 다시 한 번 자신을 긍정하는 경험을 하는 것입니다. 커밍아웃은 가면을 쓰고 사는 듯한 느낌으로부터 한결 자유로워진 기분을 느끼게 해 줍니다. 당사자로 하여금 자기가 커밍아웃한 상대와 좀 더 전면적이고도 허심탄회한 관계 맺기를 모색하도록 하는 동력이자 수단으로 작용합니다.

성적소수자에 대한 편견과 차별과 폭력이 여전히 심각한 사회에서 성적소수자로서의 자기 자신을 드러내는 일이란 큰 용기를 요하는 일입니다. 그리하여 커밍아웃을 다른 말로는 '용기의 실질적 발휘'라고도 할 수 있습니다. 한번 커밍아웃을 했다고 해서 끝이 아닙니다. 커밍아웃 당사자는 커밍아웃 상대와의 관계 속에서 꾸준히 끈질기게 자기 성정체성 혹은 성별 정체성을 일상의 당연한 요소로 녹여내기 위한 노력을 하게 됩니다.

성적소수자만이 커밍아웃을 필요로 하는 현실이란 곧, 커밍아웃한 성적소수자들에게 숱한 난관을 선사하는 현실과 같습니다. 커밍아웃이 긍정적으로 받아들여지는 경우가 물론 아예 없는 건 아닙니다. 이 경우 커밍아웃을 감행한 당사자는 아주 든든한 지지 기반을 마련하게 되지요. 그러나 아직까지 수많은 성적소수자들이 커밍아웃 이후 커밍아웃을 한 상대와의 관계 악화나 단절을 경험합니다. 사람들은 규범적이지 않은 성정체성과 성별 정체성에 대한 무지, 공포, 혐오를 자기 안에서 잘 처리하지 못하는 경우가 많습니다. 누군가가 자기에게 커밍아웃 했을 때 그 사실을 제대로 감당하지 못하고 관계 자체를 허물어 버리게 되는 까닭도 거기에 있습니다. 커밍아웃한 당사자에게 더욱 가혹한 상황이 펼쳐지기도 합니다. 혐오에 기반한 괴롭힘과 폭력의 과녁이 되고 마는 것입니다.

아웃팅은 당사자로 하여금 커밍아웃할 대상, 방법, 시기를 고를 기회를 앗아가는 권리 침해적인 행위입니다. 당사자가 충분히 준비

되었을 때, 커밍아웃 이후를 예상하며 상황을 통제하고 조율할 최소한의 힘을 발휘할 수 있을 때, 그때 커밍아웃할 권리를 짓밟는 행위입니다. 그래서 아웃팅이란 성적소수자만이 커밍아웃을 필요로 하는 현실, 성적소수자가 낙인찍히고 비난받고 손쉬운 공격 대상이 되는 현실이 완전히 달라지기 전에는 피해야 할 마땅한 행위입니다.

해 줘야 하는 말 & 피해야 하는 말

① 교사에게 고민을 털어놓아 준 것 환영하기

나쁜 예	좋은 예
– 고백 같은 건 네가 알아서 할 문제 같은데? – 너 한창 공부할 때거든. 괜히 마음 산란하게 하지 말고 공부나 해. 고백이든 연애든 나중에 어른 되면 해라.	– 혼자서 끙끙 앓는 동안 많이 답답했지? 선생님한테 얘기해 줘서 고마워. 네 마음도 조금 가벼워졌으면 좋겠다. – 네 맘을 다는 모르지만 선생님도 예전에 짝사랑을 해 본 적이 있어서 조금은 그 심정 이해할 수 있을 것 같기도 해.

② 고백 여부를 스스로 결정하도록 돕기

나쁜 예	좋은 예
– 뭐 그렇게 고민을 해. 좋으면 고백 한번 해 보는 거지. – 되도록이면 안 하는 편이 좋지 않을까? 위험할 것 같은데.	– 어쩌면 좋을지 갈피 못 잡는 것도 당연해. 친구 마음이 어떤지 알기도 어렵고 괜히 고백했다가 네 마음에 아픈 일만 생길지도 모르는 거니까. – 고백을 한다고 했을 때 신경 쓰이는 일들은 뭐가 있는지 같이 이야기해 볼까?

단짝 친구에게 커밍아웃을 하고 싶은데 어쩌면 좋을지 막막해요.

신영이가 상담실로 찾아와 자기는 사실 동성애자라고 털어놓았다. 힘들 때마다 서로 의지하고 고민을 나누는 가까운 친구가 한 명 있는데 그 친구에게 커밍아웃을 하고 싶단다. 속을 터놓고 지내는 정말 몇 안 되는 친구인데도 유독 성정체성이나 좋아하는 사람에 대해서는 자꾸 숨기거나 거짓말을 하게 돼서 괴롭다고 호소한다. 하지만 막상 커밍아웃을 하려니 두려움이 앞선다고 말했다. 친구가 혐오 반응을 보이며 더 이상 친구로 못 지내겠다고 하면 어쩌나, 이렇게 좋은 친구 사이를 굳이 망칠 필요가 있을까 싶어 몹시 망설여진다고 한다. 그러면서 신영이는 과연 커밍아웃을 하는 편이 좋을지, 한다면 어떻게 이야기를 꺼내면 좋을지 물어본다. 어떻게 상담하면 좋을까?

상담의 길잡이

① 커밍아웃하고자 하는 의지를 격려해 줍니다.

학생은 동성애자로서의 자기 자신을 이미 온전히 긍정하고 있습니다. 그리고 단짝 친구에게 더욱 진솔하게 다가가고자 하는 마음에서 그 친구를 상대로 커밍아웃을 계획 중입니다. 학생의 자기 긍정과 친구에 대한 마음을 모두 응원해 주세요.

커밍아웃을 했을 때 상대가 보일 반응을 완전하게 예측하기는 어렵습니다. 현실적으로 커밍아웃을 통해 갈등 상황에 놓일 가능성이 있는 만큼, 성적소수자 당사자가 커밍아웃을 결심하기란 정말이지 녹록지 않은 일입니다. 그럼에도 당사자 스스로 커밍아웃을 결심하고 마음의 준비를 하고 있다면 그 의사를 충분히 존중하고 지지해야 마땅합니다. 물론 커밍아웃을 통해 무언가를 잃게 될 수도 있습니다. 진전시켜 보고자 했던 친구 관계가 오히려 소원해질 수도 있습니다. 하지만 당사자가 원하는 결과를 얻는 경우도 꽤 많습니다. 커밍아웃을 스스로 결심하고 실행에 옮길 때와 마찬가지로 커밍아웃 이후의 관계 맺기에 적극적으로 임하면서 동성애자로서 타인과 소통하는 방법을 배우기도 합니다.

학생의 커밍아웃을 접한 친구의 반응은 긍정적일 수도 부정적일 수도 있습니다. 하지만 친구의 반응이 긍정적이어야만 커밍아웃이 성공적인 건 결코 아닙니다. 커밍아웃에 완성이란 없습니다. 최초의 커밍아웃 순간은 커밍아웃의 끝이 아니라 시작일 따름입니다. 커밍아웃이란 커밍아웃을 한 당사자와 그것을 접한 사람의 삶 그리고 서로 간의 관계 속에서 좌충우돌 지속되는 과정입니다. 그러므로 커밍아웃을 누구에게 할 때건 자기 자신에 대한 믿음을 갖고 끈기 있게 접근해야 한다는 이야기를 학생에게 꼭 들려주세요.

더불어 이제까지 미처 친구에게 커밍아웃을 못한 채로 지내왔던 사실에 대해 너무 마음 불편해하지 않아도 된다는 이야기 또한 들려주면 좋겠습니다. 학생이 친구를 기만하거나 배신하려고 차마 말하지 못했던 것이 아닐 터이기 때문입니다. 동성애자 정체성이란 타인에게 인정받고 이해받기보다 비난당하고 욕을 먹기 일쑤입니다. 그런 만큼 남들에게 드러내기 망설여지는 게 어쩌면 당연합니다. 그동안 친구에게 거짓말을 해 왔다기보다는 '나를 사회적으로 취약하게 만드는 구성 요소를 스스로 조심스레 돌봐 온 것'이라고 해석해도 좋다고 이야기해 주세요.

무엇보다도 신영이는 지금 아주 가까운 친구에게도 이제까지 하지 못한 커밍아웃을 교사인 당신에게 하고 있습니다. 이는 신영이가 선생님을 깊이 신뢰한다는 뜻입니다. 자기를 지지해 줄 사람으로 믿고 자기 결심에 박수쳐 줄 것이라고 기대한다는 의미입니다. 이렇게 선생님에게 자기 이야기를 털어 놓기까지도 심각하게 고민했을 학생의 마음을 깊이 헤아려 주세요. 이토록 선생님을 믿어 준 것에 대한 고마움을 표시하는 것도 학생을 격려하는 좋은 방법입니다. 교사가 학생이 한 커밍아웃을 지지해 준다면 그 경험을 긍정적으로 기억하고 거기에서 힘을 받아 다음 또 그 다음의 커밍아웃을 준비하게 될 테니 말입니다.

② 친구가 보일 반응을 여러 갈래로 예측해 보도록 돕습니다.

긍정적인 반응이든 부정적인 반응이든 친구가 보일 법한 반응의 스펙트럼은 상당히 넓습니다. 그리고 최초의 커밍아웃 순간 보이는 반응과 시간이 지남에 따라 보이는 반응들이 꼭 같으리란 보장도 없습니다. 단짝인 만큼 누구보다 신영이가 친구에 대해 잘 알고 있을 겁니다. 그 친구의 평소 성향이나 성격을 토대로 자신이 커밍아웃을 했을 때 그 친구가 보일 반응들을 최대한 다양하게 예측해 보도록 신영이를 격려해 주세요. 여러 가능성을 떠올려 보는 것은 각각의 상황에서 어떻게 대처해야 하는가를 생각해 볼 수 있는 무척이나 중요한 작업입니다.

관련 기본 지식

사례 1 〈관련 기본 지식〉에 나오는 커밍아웃 및 아웃팅 설명을 참조하세요.

해 줘야 하는 말 & 피해야 하는 말

① 교사에 대한 학생의 커밍아웃 반겨 주기

나쁜 예	좋은 예
– 그런 이야기를 그렇게 갑자기 하니 선생님은 좀 당황스럽네.	– 그동안 혼자서 얼마나 고민이 많았니. 이렇게 선생님에게 커밍아웃을 해 줘서 정말 반갑고 고맙다.

② 친구에 대한 커밍아웃 욕구 존중하기

나쁜 예	좋은 예
– 뭣 하러 굳이 이야기를 하려고 그러니? 이야기를 안 하는 편이 너희들 관계에 더 좋지 않을까?	– 친구에게 솔직하게 이야기를 꺼내 놓고 그걸 계기로 더 가까워졌으면 하는 거구나.

③ 커밍아웃에 대한 두려움 다독이기

나쁜 예	좋은 예
– 그냥 용기를 내면 돼. 그 아이가 정말 네 친구면 당연히 받아들여주지 않겠어?	– 지금은 친구 반응이 어떨지 잘 가늠이 안 될 거야. 하지만 중요한 건 네가 친구와 보다 깊은 신뢰를 쌓고 더 친밀해지고 싶어하는 마음이 아닐까? 그 마음을 최선을 다해 전해 보도록 하자.

④ 커밍아웃의 구체적인 방식을 함께 고민해 주기

나쁜 예	좋은 예
- 뭐 특별한 방법이 있겠니? 그냥 나 동성애자야, 하고 말하면 되는 거란다.	- 네 친구에게 맞는 방법이 무엇일까 곰곰이 생각해 봐. 둘만 따로 있을 때 얼굴을 보고 말하거나, 글로 써서 건네거나, 음성이나 영상 편지를 전하는 등 선택지는 다양해. 네 마음을 친구에게 가장 잘 전달할 수 있는 방법이 무엇일지 찬찬히 살펴보렴. 그리고 '나 동성애자야' 같은 직설적인 표현이 부담스럽다면 "나는 주로 여자(혹은 남자)가 좋아"라는 식으로 조금 풀어서 말해도 충분하단다.

비슷한
사례들

사례1-1 **동성애자 커플은 남녀 역할을 나누는지 고민하는 학생**

처음으로 동성 친구와 연애를 하고 있습니다. 지금까지 저 말고 다른 동성애자를 본 적이 없었는데, 이 친구와 마음이 통해 사귀는 관계에 이르게 되었습니다. 그런데 지금 사귀는 친구는 머리가 짧고 조금 소년 같은 편입니다. 저는 이 친구와 같이 있는 게 좋고 편하지만 가끔 그 친구의 그런 외모나 행동이 불편할 때가 있어요. 꼭 그렇게 하고 다녀야 하는지, 좀 더 여성스러운 모습을 할 수는 없는지 불평하다가 다투게 되는 일이 잦습니다. 동성애 관계에서 원래 한쪽은 여성스러운 역할, 다른 쪽은 남자 역할을 하는 것인가요? 저는 이 친구와 어떻게 지내야 할까요?

상담 포인트

흔히 동성애자들에 대한 편견 때문에 '전형적인 상'이라는 왜곡된 정보를 갖고 있습니다. 그중 대표적인 것이 한쪽은 남자 역할, 다른 한쪽은 여자 역할을 할 거라는 선입견입니다. 하지만 생각해보면 사람들은 모두 다르게 생겼고 자기 나름의 취향이 있습니다. 역할을 두 사람이 합의해서 나눈 것이 아니라, 선입견 때문에 역할이 나눠진 것처럼 보입니다. 그러므로 소년 같은 스타일을 좋아하는데 굳이 동성애 커플로 보일까봐 외모를 바꾸라고 하는 것은 스스로 억압하는 것밖에 되지 않습니다. 사랑을 한다면 상대의 스타일을 존중하는 자세도 필요합니다.

동성애 관계는 원래 남자 역할, 여자 역할로 나누어서 사귀거나 하는 것은 아니라는 점과 역할이 곧 외모로 나타나는 것은 아니라는 점을 명확히 구분할 수 있도록 설명해 주세요. 동성애자에 대한 편견은 대부분 이성애 중심적인 사고에서 비롯된 것임을 함께 이야기하면서 고정된 성 역할이나 여성성·남성성이 항상 대응될 필요는 없다는 점을 이야기해 주세요.

사례 2-1 동성 애인을 가족에게 소개하고 싶은 학생

저는 난생 처음 누군가와 사귀는 중입니다. 상대는 저보다 나이 많은 언니입니다. 서로 통화도 자주 하고, 언니가 가족들이 있는 시간에 우리 집에 놀러온 적도 있어요. 언니와 만나면서 저는 무척이나 행복합니다. 그 감정을 가족들과 함께 나누며 언니와의 관계를 인정받고 축복받고 싶습니다. 하지만 오히려 저는 부모님의 눈치를 보며 교제 사실을 숨겨야 하는 상황입니다. 그렇다고 커밍아웃을 하자니 부모님이 많이 충격을 받으실까봐 걱정이 됩니다. 막상 이야기를 꺼내려고 하니 어떻게 하면 좋을지도 모르겠습니다. 저는 어떻게 해야 하나요?

부모님에게 커밍아웃할 때 그 반응을 예상하기는 쉽지 않습니다. 대체로 부모님들은 충격을 받거나 부정하고 싶어 합니다. 또한 실망감, 분노, 죄책감 등을 느끼고, 심할 경우 폭력을 행사하는 때도 있습니다. 이러한 가능성과 이에 대한 대응에 대해서 학생과 충분히 이야기를 나눌 필요가 있습니다.

학생이 원하는 것은 자신의 좋은 감정과 경험을 부모님과 나누고 싶다는 것입니다. 이러한 긍정적이고 적극적인 욕구에 주목하면서 상담을 진행하는 것이 좋습니다.

부모님과 자신의 정체성에 대해서 이야기할 때에는 많은 대화가 이루어질수록 좋습니다. 평소에 학생 자신의 감정이나 경험에 대해서 자주 정서적인 대화를 해 보길 권유할 수 있습니다.

10 커밍아웃2 가족 및 지인

사례 1

선생님,
우리 아이가 동성애자인 거 같아요.

수영이 어머님이 학교로 전화를 걸어 왔다. 수영이가 같은 반 현지랑 붙어 다니는데 학교에서는 어떠냐며, 또 성적이 자꾸 떨어지는 게 영 걱정인데 현지의 성적은 어떠한지도 물었다. 통화를 한참 하다 보니 수영이 어머님께서 한숨을 내쉬면서 사실은 수영이와 현지가 좀 이상하다고 말한다. 수영의 핸드폰을 봤는데 둘이 주고받은 문자 메시지의 내용이 꼭 사귀는 것 같고, 현지랑 같이 다닌 이후로 수영이는 머리를 더 짧게 자르고 옷도 더 남자같이 입는다고 한다.

그리고 현지와 수영이 키스하는 장면을 어머님이 보셨다고 한다. 이렇게 둘을 계속 두어도 될지, 전학을 보내야 하는 것은 아닌지 걱정하는데, 이런 경우 어머님과 어떻게 상담해야 할까?

상담의 길잡이

① 동성애 및 동성애자에 대한 편견 없는 정보를 나눕니다.

부모님이 동성애에 대한 편견과 혐오를 갖거나 자책하지 않도록 돕는 것이 중요합니다. 또 동성애가 유전되는 것도 아니고 후천적 환경에 의해서 인위적으로 만들어지는 것이 아님을 설명해야 합니다. 물론 자녀가 키스하는 장면을 목격하고 부모 입장에서는 큰 충격을 받았을 수 있습니다. 그리고 자녀가 동성애자임을 받아들이기란 대개의 부모에게 쉽지 않은 일입니다.

많은 부모님들이 자녀가 동성애자란 것을 알았을 때 불같이 화를 내거나 자책에 빠지고는 합니다. 자신이 잘못 낳았거나 제대로 못 길렀다고 생각하는 것이지요. 상담에서는 먼저 이것이 부모님 탓이 아님을 분명하게 말할 필요가 있습니다. 부모님이 한 행동 때문에 자녀가 동성애자가 되는 일은 일어나지 않습니다. 이성애자가 갑자기 동성애자가 되거나 동성 친구를 좋아한다고 해서 모두 동성애자인 것은 아님을, 아이들에게 어떻게 해야 할지를 결정하기 전에 동성애에 대해서 부모로서 지식과 정보를 갖는 것이 중요함을 강조해 주세요.

한편 부모님들은 자녀가 동성애자임을 알았을 때 동성애자라는 사실 그 자체보다 동성과 사랑하며 사는 삶을 사회적으로 인정받지 못하기 때문에 자녀가 인생을 망칠까봐 걱정합니다. 그러므로 동성애 경험이나 동성애자라는 사실 자체가 인생을 근본적으로 망치지 않는다는 점을 잘 설명해 주세요. 부모님이 믿는 종교에 따른 영향도 있습니다. 특히 한국 사회에서 기독교인인 부모님일수록 동성애에 대한 편견과 혐오가 강한 경우가 있습니다. 그러므로 부모님이 종교적 신념으로 이 문제에 접근하고 있지는 않은지 잘 살펴봐야 합니다.

② 아이들을 돕기 위해 부모님이 취할 수 있는 태도를 이야기합니다.

부모님의 태도에 따라 수영이와 현지가 심리적 부담을 크게 느낄 수도 있고 행동도 많이 달라질 수 있음을 전달해야 합니다. 부모님께서 아이들의 마음을 미리 살피고 배려하는 것이 중요하다는 점을 전해야 합니다. 둘이 키스하는 장면을 본 어머님이 충격을 받았다면 아마 그 장면을 들킨 아이들 역시 충격일 것입니다. 설사 남녀 간이었다고 해도 그런 장면을 부모님에게 보여드리고 싶지는 않을 테니까요. 또 아이들을 야단치거나 둘 사이를 멀어지게 하는 방식은 더 나쁜 결과를 초래할 수 있음도 같이 알려줘야 합니다.

③ 아이들을 추궁하기보다는 지지하는 방식으로 상담합니다.

아이들에게 부모님과 같은 어른으로 그 뜻을 전달하려고 하지 않는 것이 중요합니다. 어머니가 자신들의 문제로 선생님과 상담했다는 것을 현지와 수영이가 알면 선생님을 볼 때마다 마음이 불안하고 긴장할 수도 있습니다. 필요하다면 현지와 수영이랑 상담을 해야 합니다. 이때 어머님과 한 이야기를 모두 그대로 전하는 것보다는 아이들의 입장에서 부모님을 어떻게 대해야 하는지를 함께 고민해 주세요. 부모님의 태도에 따라 선생님이 유일한 지지자일 수도 있습니다.

관련 기본 지식

부모님 상담을 하는 데 어려움이 있으면 주저말고 다른 도움이 될 만한 곳을 소개해 주세요. 동성애자 인권 운동 단체들은 대부분 상담실을 운영하고 있으며, 별의별상담연구소와 같이 부모님 상담을 전문적으로 하는 곳도 있습니다. 인권 단체는 많은 부모님과 상담을 한 경험이 있고 풍부한 지식과 관련된 정보를 갖고 있습니다.

해 줘야 하는 말 & 피해야 하는 말

① 부모님의 혼란과 충격을 공감하기

나쁜 예	좋은 예
– 수영이가 그런 행동을 보이지 않도록 가정에서 지도해 주세요. – 한참 호기심 많을 나이잖아요. 금방 괜찮아질 겁니다.	– 많이 놀라셨지요. – 사람이 사람에게 좋아하는 마음을 키스 등으로 표현할 수도 있습니다. 이성 간이 아니라 동성 간이여서 더 나쁘다거나 키스를 하는 행위는 나쁘다는 식으로 접근하면 수영이가 혼란스러워하거나 반항심만 더 강해질 수도 있습니다.

② 당사자인 학생들에게 추궁하듯 묻기보다 관심을 표현하기

나쁜 예	좋은 예
– 너네 레즈비언이니? 너 그거 동성애 같은 거 하는 거야? – 현지를 그냥 친구로서 좋아하는데 착각하고 있는 건 아닐까? 원래 청소년기 때는 잠깐 그런 착각을 할 수도 있어.	– 현지를 많이 좋아하는 거 같아 보여. 너에게 현지는 특별한 사람이니?

친구가 저에게 커밍아웃을 했어요.

선진이와 은정이는 학교 안팎에서 항상 붙어 다니며 서로 믿고 의지하는 단짝 친구다. 그런데 어느 날 은정이가 선진이랑 관계가 어려워졌다고 상담실로 찾아왔다. 지난 주 같이 하교하는 중 선진이가 은정이에게 자신은 여자를 좋아한다며 레즈비언이라고 커밍아웃을 했고 그 이후에 둘 관계가 어색해졌다고 했다. 은정이는 이야기를 듣고 선진이가 갑자기 달라 보이고 혹시 나를 좋아하는 건 아닌가 싶어서 그 이후로는 괜히 연락도 피하게 되고 따로 다니게 된다고 했다. 다른 친구들이 아닌 자신에게 이야기를 해준 건 고맙지만 괜히 어색하고 이미 멀어졌다고 한다. 다시 예전처럼 지내고 싶지만 그렇게 하기 어렵다는 은정이와 어떻게 상담해야 할까?

상담의 길잡이

① 커밍아웃의 의미와 앞으로의 관계에 대해서 이야기합니다.

선진이가 오랜 고민 끝에 커밍아웃을 할 수 있었던 건 바로 은정이

190

를 신뢰했기 때문일 겁니다. 선진이의 커밍아웃은 선진이와 은정이의 친구 관계에서 둘이 조금 더 솔직하게 서로를 알아나가는 계기가 될 수도 있습니다. 선진이의 성정체성이 은정에게 어떤 의미에서 중요한지 함께 이야기하고, 커밍아웃이 선진이를 더 이상 은정이의 친구가 아니게 하는 것은 아님을 이야기 해줍니다. 은정이가 선진이와 관계를 다시 이어가는 도중 선진이에게 궁금한 점이 생기면 그런 부분을 선진이에게 직접 물어보며 편하게 이야기해 보도록 권유해 봅니다.

② 동성애에 대한 편견이 있는지 탐색하고 올바른 정보를 나눕니다.

은정이에게 동성애나 성적소수자에 대한 편견과 혐오가 있지는 않은지 점검하고 이 일이 그러한 편견이 없어지는 계기가 되도록 돕습니다. 은정이가 성적소수자에 관한 편견이나 막연한 두려움을 갖고 있지는 않은지 함께 생각해 봅니다. 그리고 은정이가 성적소수자에 대한 잘못된 편견을 가지고 있다면 이를 부드럽게 바로잡아 줘도 좋습니다.

③ 당사자 동의 없이 다른 사람에게 성정체성을 알리지 않도록 합니다.

은정이가 선진이와의 친구 관계나 성정체성에 관련한 상담을 받고 있다는 것을 선진이가 알게 된다면 다른 사람이 자신의 성정체성을 알았다는 자체만으로도 충격을 받을 수 있습니다. 그러므로 상담을 진행하면서 선진이가 은정에게 커밍아웃한 일이나 선진이의 성정체성 자체에 대한 이야기는 다른 친구들이나 주위 동료 선생님, 가족들에게 알리지 않도록 합니다. 또 은정이와 상담 이후 선진이가 자신의 성정체성이나 은정이와의 관계에 대해서 혹은 다른 주제로 상담을 요청해 오더라도 선진이가 직접 자신의 성정체성에 대해 이야기 하지 않는다면 그에 대해 선생님이 먼저 이야기를 꺼내지 않는 것이 좋습니다.

관련 기본 지식

커밍아웃은 자신이 어떤 사람인지 솔직하게 이야기하는 용기 있는 행동입니다. 성적소수자도 다른 사람들과 마찬가지로 가까운 사람이나 친구와 자신의 고민이며 생각 등을 나누고 싶어 합니다. 그리고 자신의 성정체성을 드러내는 커밍아웃은 말 그대로 커밍아웃이지 상대방에 대한 사랑 고백이 아닙니다. 은정이가 성적소수자를 올바르게 이해하기 위해서 선생님이 보다 적극적으로 인권 단체의 발간 자료나 영화, 책 등을 통해 성적소수자에 대한 기본적인 개념을 숙지하고 공부를 하는 것이 좋습니다. 직접 알아보고 공부한 내용을 은정이에게 나눠주면서 은정이도 스스로 관련 주제를 더 찾아보도록 독려해 주세요.

해 줘야 하는 말 & 피해야 하는 말

① 커밍아웃의 의미를 생각해 볼 수 있도록 돕기

나쁜 예	좋은 예
– 선진이가 혹시 은정이를 좋아하는 것 같은 행동을 한 적은 없었니? – 아무래도 선진이 말고 다른 친구를 사귀는 건 어떨까?	– 선진이가 은정이를 믿고 좋은 친구로 생각하기 때문에 커밍아웃을 한 건 아닐까? – 앞으로 선진이와 함께 서로 좀 더 솔직한 이야기를 나눌 수 있지 않을까?

비슷한
사례들

사례1-1 **자녀가 동성애자일까봐 걱정하는 어머니**

저는 딸 셋과 막내아들을 둔 엄마입니다. 막내아들은 지금 고등학교 2
학년인데 여자에게 관심이 없어 보여 걱정입니다. 또 자기 몸을 치장하
는데 굉장히 관심이 많습니다. 이를테면 샤워를 매일 한 시간씩 할 정
도이고 로션이나 세럼 등 화장품에도 누나들보다 더 관심이 많고 피부
관리에 신경을 씁니다. 자기 방도 아주 깔끔하게 치우는데 자기 물건을
만지거나 특히 컴퓨터를 다른 사람이 쓰는 것을 아주 싫어합니다. 그래
서 더 의심이 됩니다. 생각해 보면 어릴 때 누나들과 많이 놀았는데 소
꿉장난도 하고, 앉아서 소변을 보는 등의 행동을 했었지요. 어렸을 때
더 씩씩하게 키우지 못한 것이 후회됩니다. 제가 봐도 아들이 게이 같
아서 남편과도 논의를 한 적이 있는데 남편은 군대 갔다 오면 괜찮아질
거라며 신경 쓰지 말라고 합니다. 하지만 저는 걱정이 됩니다. 남편에
겐 말 안했지만 아들의 컴퓨터에 남자끼리 성관계를 맺는 야동이 있는
걸 봤거든요. 학교생활에 대해서는 별 말을 안 하고 물어보면 그냥 잘
지낸다고만 합니다. 제가 어떻게 해야 할까요? 아들이 정말 동성애자
라면 어떻게 해야 할지 걱정입니다.

게이는 남자답지 못한 남자가 아닙니다. 그러므로 군대를 갔다 온다고 해서 동성애자가 이성애자로 바뀌거나 하는 일은 없습니다. 외모에 신경 쓰는 것, 깔끔한 것은 장점이지 남자이기 때문에 단점이 될 수는 없습니다. 그리고 아들이 동성애자라고 해서 아들임을 부정할 수 없다면 동성애자이든 이성애자이든 사랑하는 아들로 받아들이고 가족으로서 함께 살 방법을 모색하는 것이 무엇보다도 중요할 것입니다.

부모님들은 대체로 자녀가 동성애자인 것은 부모 잘못이라고 생각하고, 또 그것을 다른 사람이 알면 부모를 욕하거나 또는 다른 형제들이 결혼을 할 때 불이익을 받을까 걱정합니다. 그러므로 만약 이런 부모님과 상담을 하게 된다면 무엇보다 선생님께서는 부모님이 부끄러워할 일도 아니며 잘못을 한 것도 아님을 정말 확신을 가지고 지지해야 합니다. 그리고 자녀에게 가장 큰 힘은 부모님이 자신을 있는 그대로 받아들여주시는 것임을 말씀해 주세요. 동성애자를 억지로 이성애자로 만드는 것은 불가능하므로 차라리 부모님이 빨리 받아들이시고 동성애자로서 잘 살 수 있도록 돕는 편이 훨씬 낫습니다. 부모님에게 선생님은 더 많은 것을 알고 있는 교육전문가입니다. 그러므로 선생님의 말씀이 부모님에게 많은 위로가 될 것입니다.

11 성性

친구를 자꾸 만지고 싶어요.

지수는 남학교에 다니는 활달한 성격의 중학생이다. 지수의 담임 선생님은 어느 날 학생들로부터 반쯤은 장난스럽게 "선생님, 지수가 성추행해요"라는 말을 들었다. 깜짝 놀라 자세히 물어 보니 지수는 친구들에게 남자를 만지고 싶다는 이야기를 종종 하기도 하고, 수업 도중 앞자리에 앉은 친구에게 발을 뻗어 친구 발을 만지작거리기도 하고, 짝의 손을 잡아 자기 사타구니 쪽으로 끌어오기도 하고 반대로 자기 손을 짝의 사타구니 쪽으로 대기도 한다는 것이다. 이런 일 때문에 몇몇 학생들은 지수 둘레에 앉고 싶지 않다고 하고, 때로는 지수와 친구들 사이에서도 변태라는 말이 오가며 실랑이가 벌어지기도 하는 모양이다. 이 문제로 담임 선생님과 상담 선생님은 지수와 상담을 하려고 한다. 어떻게 상담을 하는 것이 좋을까?

상담의 길잡이

① 성정체성보다는 지수의 행동 자체에 초점을 맞춥니다.

지수가 동성애자라고 쉽게 단정하고 이를 성정체성 문제로 보기 보다는 지수가 한 행동 자체에 상담의 초점을 두어야 합니다. 이 사례의 핵심은 '지수가 동성애자인가 아닌가'라기보다는 지수가 다른 사람에게 원치 않는 신체 접촉을 한다는 데 있습니다. 그런데 상담을 하다 보면 지수의 행동이 동성을 대상으로 한다는 점이 낯설고 당혹스러워서 혹시 이것이 학생의 성정체성과 관련한 문제가 아닐까 하는 생각이 들기 쉽습니다. 그러나 그렇게 접근한다면 상담을 통한 학생의 태도 변화라는 목표를 이루지 못할 수 있습니다. 선생님이 생각하는 문제가 실제 지수의 경험과는 다를 수 있기 때문입니다.

② 원치 않는 타인의 신체를 만지는 것이 문제 될 수 있음을 설명합니다.

지수에게 자신의 행위가 예의 없는 행동이나 성폭력이 될 수 있음을 명확하게 인식시켜야 합니다. 지수의 태도와 행동이 다른 학생들에게 불쾌감이나 수치심을 주어 왔다는 사실 또한 분명히 알려줘야 합니다. 구체적인 행동을 몇 가지 예로 들어 그러한 행동은 충분히 성폭력으로 받아들여질 수 있고, 그렇지는 않더라도 최소한 무례한 행동일 수 있다는 것을 지수에게 분명히 말해 주세요. 그리고 이를 통해 학생이 자신의 행동을 되돌아보면서 다른 친구들에게 진심으로 사과하고 앞으로는 이런 행동을 해서는 안 되겠다고 생각할 수 있도록 이야기를 이끌어 주면 좋습니다.

③ 다른 학생들에게도 동성애와 성폭력에 대한 올바른 교육이 필요합니다.

이러한 사건 때문에 학생들 사이에서 동성애를 혐오하는 태도나 동성애에 대한 폭력적인 분위기가 확산되는 것을 막아야 합니다. 지수뿐만 아니라 원치 않는 신체 접촉을 당한 학생들, 그리고 다른 주변 학생들에게도 역시 주의를 기울여야 합니다. 피해학생들의 마음은 어떤지, 불필요하게 동성애에 대한 부정적 인식을 갖게 되지는 않았는지 살펴봐 주세요. 동성애와 성폭력은 별개임을 함께 이야기하는 시간을 갖는 것도 좋습니다. 무엇보다 지수가 다른 학생들에게 사과하고 학생들이 이를 잘 받아들이면서 함께 자연스럽게 어울리도록, 지수와 다른 학생들 사이에 폭력적인 관계가 형성되지 않도록 분위기를 조성할 필요가 있습니다.

　허락 없이 다른 친구의 손이나 성기를 만지거나, 엉덩이를 쓰다 듣는 등의 행동은 성폭력이나 무례한 행동이 될 수 있음을 반 전체 학생들에게 인식시킬 필요가 있습니다. 다른 학생이 자신을 만질 때 거부감이나 수치심 등이 생긴다면 명확하게 거부의 뜻을 표현하도록 지도합니다. 그리고 전체 학생을 대상으로 반성폭력 교육 및 성적 지향·성별 정체성을 다루는 인권 교육을 실시하면 더욱 도움이 됩니다.

④ 상담 이후의 생활 지도에도 관심을 기울입니다.

지수가 상담 이후에 다른 친구들에게 진심 어린 사과를 했는지 확인하고, 예전과 같은 행동을 하지는 않는지 관찰합니다. 지수가 상담한 대로 잘 지내고 있다면 마주쳤을 때 짧게라도 칭찬과 응원을 해 주면 좋습니다. 한편 지수가 상담 이후에 소극적인 태도를 보이거나 친구들로부터 겉돌지는 않는지 관찰하고 만약 그렇다면 수업 시간이나 반 활동 시간을 통해서 지수의 자존감을 회복시켜주는 활동이 필요합니다.

관련 기본 지식

십대 청소년들 사이에서는 성적 지향 자체와 관계없이 동성 간에든 이성 간에든 다양한 성적 접촉이 일어납니다. 그중 상당수가 장난

또는 친근감의 표시로 이루어지는데, 문제는 이렇게 장난이라고 하면서 성폭력이 발생하는 경우가 종종 있다는 것입니다. 이런 행위는 한두 번의 장난으로 가볍게 넘어가기도 하지만 때로는 학생들이 심각한 물리적, 정신적 피해를 입기도 합니다.

이와 같은 상담의 경우 사전 관찰이 필수적입니다. 곧바로 지수를 불러서 상담을 하면 잘못 알고 있는 사실에 근거해 이야기하기 쉽습니다. 충분히 생각할 시간을 갖지 못한 만큼 상담 준비를 효과적으로 못했을 가능성도 높습니다. 따라서 수업 시간 등을 통해 지수가 학생들과 신체 접촉을 어떻게 하고 있는지, 그때 지수나 상대 학생의 태도며 반응은 어떤지 등을 관찰할 필요가 있습니다.

해 줘야 하는 말 & 피해야 하는 말

① 지수가 한 행동을 반성하게 해 주기

나쁜 예	좋은 예
– 네가 한 행동은 범죄 행위야.	– 누군가가 지수가 원하지 않는데도 몸을 마음대로 만졌을 때 기분이 어떻겠니? 마음대로 다른 사람의 중요한 신체 부위를 만지는 것은 폭력이 되기도 하고 예의 없는 행동이기도 하단다.

지수가 장난스럽게 대답할 수도 있으므로 사전에 이것이 심각하고 중요한 문제라는 태도를 보여줘야 합니다. 그러나 성폭력이라는 말을 쓰거나 강제 추행, 강간 등의 법적 용어를 쓰기보다는 명확하게 '다른 사람의 몸을 허락 없이 만지는 것'이라는 구체적인 용어를 사용하는 것이 문제 해결에 도움이 됩니다.

② 동성에 대한 행동이라는 점을 언급하면서 그 의미를 탐색하기

나쁜 예	좋은 예
- 남자가 남자를 만지는 것은 비정상적이고 변태적인 거야. - 너 혹시 게이는 아니니?	- 친구와 스킨십을 하고 싶은 것은 친밀함이나 애정을 느끼고 표현하고 싶다는 것이기도 해.

자연스러운 신체 접촉은 정서 발달이나 친근감을 확인하는 데 도움이 됩니다. 친구 사이의 모든 신체 접촉이 성폭력이라는 식으로 접근하는 방법은 피하는 것이 좋습니다.

동성 간 성추행 등 성폭력의 가해는 동성애자만 저지른다고 생각해서는 안 됩니다. 자칫 학생이 언급하기 전에 성정체성 상담으로 흐르지 않도록 주의해야 합니다. 만약 학생이 성정체성에 관한 고민을 토로한다면 그때는 그와 관련된 상담 역시 병행해도 좋습니다.

③ 앞으로의 태도 변화에 대해 조언하기

나쁜 예	좋은 예
- 앞으로는 이성에게 관심을 가져 보는 것은 어떻겠니?	- 네가 만지는 것 때문에 기분이 나 빴던 친구들에게 진심으로 사과를 전했으면 좋겠다. 앞으로는 친구들 마음도 헤아려 주면서 친구들과 잘 어울리는 것이 어떻겠니?

사례 2

사귀는 친구와 성관계를 맺게 됐는데 몸이 아파요.

수진이가 생리가 멈추지 않는다며 양호실로 찾아왔다. 구체적으로 질문을 하자 머뭇거리던 수진이는 진료를 위해 산부인과에 가서야 사귀던 동성 친구와 며칠 전에 성관계를 가졌는데, 이후부터 계속 피가 나고 아프기 시작했다고 말했다. 의사는 이 사실을 부모에게 알려야 한다고 말한다. 수진이는 이 이야기를 부모님께 해야만 하냐고, 가급적이면 하고 싶지 않다고 한다. 수진이가 미성년자이고 또 진료가 필요한 상황에서 수진이에게는 어떤 말을, 수진이의 부모님에게는 어떤 말을 해야 할지 걱정이다.

상담의 길잡이

① 진료 과정에서 학생이 안심할 수 있도록 정서적으로 지지해 줍니다.

수진이에게 몸 상태를 진단해야 할 필요성을 알려주고 진료 과정에서 불안해하지 않도록 도와주세요. 수진이는 성관계 때문에 건강에 문제가 생겼다고 짐작하고 있습니다. 그런데 이를 드러낼 수 없어서 치료를 받지 않은 것으로 보입니다. 자신의 몸 상태보다 어른들에게 이 문제를 어떻게 상의해야 할지를 더 걱정하고 있는 것입니다. 몸의 변화 때문에 당황했을 수진이에게 진료 내용과 방법을 설명해 줍니다. 그리고 진료를 받으면서 수진이가 긴장하지 않도록 분위기를 유지해 주세요.

② 학생의 건강 상태에 대한 비밀 보장의 범위와 한계를 함께 이야기합니다. 필요한 상황이 아닌 경우에는 진료 과정에서 알게 된 정보를 수진이의 동의 없이 타인에게 전달하지 않도록 해주세요. 선생님이 동성애와 동성 간의 성관계에 대해 꾸지람을 하지 않을 것이라는 점과 학생의 성정체성을 존중하고 있다는 점을 표현해 불안한 수진이의 마음을 편안하게 해줄 필요가 있습니다. 또 산부인과 의사에게도 이를 당부해 주세요.

건강상 문제를 부모님에게 알리거나 치료 내용에 대해 동의를 구해야 할 필요가 있다면 그 이유를 수진이에게 반드시 설명해 주세요. 건강과 관련된 긴급한 문제는 학생을 설득해 필요한 조치들을 받을 수 있도록 조율해야 합니다. 그러나 부모님에게 굳이 수진이의 성정체성을 말하지 않아도 되는 상황이라면 수진이의 의사를 존중해야 합니다. 수진이가 공개해도 좋겠다고 결정하는 범위 안에서만 부모님께 정보를 드리도록 합니다.

③ 안전한 성관계에 대한 구체적인 정보를 제공합니다.

수진이에게 기본적인 성교육이 필요한지 점검한 뒤 안전하고 청결한 성관계 방법을 조언해 주세요. 콘돔 사용이나 손톱 관리 등에 대해 확인하고 교제 상대방이 수진이를 배려하지 않는 방법으로 관계를 맺고 있는 것은 아닌지도 확인할 필요가 있습니다. 문제가 있다고 판단되면 학생에게 필요한 부분을 지도해야 합니다. 성관계에서 상호간의 동의는 필수이며 이것이 잘 지켜지지 않을 경우 성관계를 거부할 수 있음을 알려 주세요. 수진이가 안전하지 않은 성관계나 원하지 않는 성관계로 인해 힘들어하고 있다면 올바른 정보를 제공하고, 잘못된 것은 지적해 줘야 합니다. 진료 후에는 수진이의 몸 상태가 호전되었는지, 교제 관계는 어떤지 확인합니다.

관련 기본 지식

여성과 여성간의 성관계를 상상조차 못하는 분들이 많습니다. 하지만 여성과 여성 간의 관계에서도 즐거운 성관계는 충분히 가능합니다. 여성 간의 성관계에서는 주로 손가락을 이용합니다. 사람에 따라 여러 기구를 이용하기도 하지만 주로 손과 입을 사용하는 편입니다. 여성 간의 성관계는 임신의 위험이 없으니 별다른 준비가 필요 없다고 생각하는 사람들이 많습니다. 그러나 여성 간의 섹스에서도 세균

등으로부터의 안전을 위해 콘돔이나 핑거돔(손가락용 콘돔)을 사용하기를 권장합니다. 또한 손톱에 긁혀 질 내부에 상처가 나는 것을 예방하기 위해 손톱을 짧고 청결하게 유지하는 것이 바람직합니다.

여성 성적소수자 중에는 산부인과적인 문제를 겪으면서도 산부인과에 방문하기를 꺼리는 사람들이 많습니다. 많은 산부인과 병원이 성적소수자의 경험을 염두에 두거나 배려하지 않기 때문이지요. 특히 청소년 여성 성적소수자의 경우, 청소년이 산부인과에 출입하는 것에 대한 사회적 편견 때문에 더더욱 산부인과 방문을 꺼리곤 합니다. 하지만 산부인과적인 문제가 있다고 판단될 때에는 산부인과 의사의 도움을 받는 것이 가장 중요합니다. 만약 당사자가 '의사에게 어떻게 설명해야 할지 모르겠다'라고 망설인다면 굳이 커밍아웃할 필요는 없다고 말해줄 수도 있습니다. 이성간의 관계에서도 손가락을 이용한 성관계를 하는 경우가 많기 때문입니다.

교사는 학생이 산부인과에 방문하여 진료를 받는 데 거부감을 느끼지 않도록 도울 수 있습니다. 또한 학생이 최대한 편안하게 진료를 받을 수 있는 의료기관을 함께 찾을 수 있습니다.

해 줘야 하는 말 & 피해야 하는 말

① 학생이 교제 사실과 성관계 사실을 털어 놓았을 때

나쁜 예	좋은 예
– 성관계라니 학생으로서 해선 안 되는 일을 저질렀구나. – 레즈비언끼리 어떻게 섹스가 가능하니? – 그 친구 연락처 좀 줘 보렴.	– 성관계를 했다고 해서 나쁜 사람이 되거나 뭘 잘못한 사람이 되는 것은 아니란다. – 하지만 이후에 벌어질 일을 예상할 수 있으면 좋고, 혹시라도 발생할 위험을 최소화하는 건 아주 중요한 준비 자세라고 할 수 있어. – 사귀는 친구도 너 이렇게 아픈 거 알고 있어? 힘든 일이 있을 때 그 친구한테 도움을 요청할 수 있니? – 선생님에게 솔직하게 얘기해 줘서 고맙구나.

② 부모님께 사실을 공유해야 함을 학생과 이야기 할 때

나쁜 예	좋은 예
– 당연히 부모님께 알려야하지 않겠니. 그래야 너도 조심을 하고. – 이미 연락했단다. 네가 만난다는 언니 이야기도 했으니 부모님께서 잘 알아서 해 주실 거야.	– 네가 얘기해 준 사실 전부는 아니더라도 네가 몸이 아프다는 걸 부모님이 아셔야 할 필요는 있지 않겠니? – 네가 원하면 선생님이 부모님께 이야기해 볼게.

가능하다면 수진이와 나눈 이야기가 비밀로 지켜질 수 있도록 최대한 힘써 주세요. 특히 산부인과 질환과 관련해 부모님이나 담임 선생님께 알려지는 것을 두려워하는 청소년들이 많습니다. 이로 인해 체벌을 받거나 징계 받을 것을 염려하기 때문이고, 실제로 차별과 징계가 일어나고 있기 때문이기도 합니다.

③ 안전한 섹스에 대한 이야기

나쁜 예	좋은 예
- 그런 건 되도록 안하는 게 안전한 거야. - 나야 잘 모르지.	- 동성 간 섹스라고 해서 완전히 안전한 건 아니야. 손은 깨끗하게, 섹스 후에는 미지근한 물로 세척해 주는 것도 잊지 말고. 항상 콘돔을 사용해야 한단다. 피임 때문이 아니더라도 이건 중요해. - 다른 거 뭐 궁금한 건 없니? 선생님이 물어봐서라도 알려줄게.

산부인과는 건강한 여성이라도 언제든 찾아 갈 수 있는 곳임을 알려주세요. 또 학생이 수치심을 느끼지 않도록 부드럽고 지지하는 태도로 안전한 섹스에 대해 교육을 해 주세요.

비슷한
사례들

사례1-1 잠결에 친구의 몸을 만지고 괴로워하는 학생

학교 기숙사에 들어갔는데 잠을 자던 중 잠결에 실수로 옆에서 자던 친구의 몸을 만지게 되었습니다. 저도 당황해서 제가 한 게 아닌 것처럼 모른 척 하고 지냈는데 그 이후로 점점 예민해지고 우울해졌습니다. 입시준비 때문이기도 했겠지만 그 친구에게 미안하고 다시 볼 수 없을 것 같은 생각에 사로잡히다 보니 자살하고 싶은 생각도 들었고요. 당당하게 살고 싶고, 제가 잘못을 저지른 친구에게도 미안하다고 말하고 친해지고 싶은데 어떻게 해야 할지 모르겠어요.

상담 포인트

이 학생이 원하는 것은 친구에게 사과하는 것, 그리고 그 친구와 친한 관계를 회복하는 것입니다. 또한 그럼으로써 자존감을 갖고 떳떳해지고 싶은 것이지요. 이 학생의 긍정적 욕구에 주목할 필요가 있습니다.

학생이 원하는 것을 하지 못하는 이유는 친구가 자기 행동의 정체성을 알게 되어 관계가 단절될 것이라는 두려움 때문입니다. 이러한 장애 요소를 이해하는 것 역시 중요합니다.

친구를 만진 행위에 대한 사과와 커밍아웃은 별개의 문제이므로 먼저 친구에게 진심으로 사과할 것을 권할 필요가 있습니다. 사과를 받아주지 않더라도 진심 어린 사과를 통해 자존감과 자기 자신에 대한 책임감을 가질 수 있다는 것을 강조하는 것이 좋습니다.

사례 2-1 애인이 자신의 의사를 너무 무시해 고민인 수정이

지난달부터 같은 학교에 다니는 친구와 사귀기로 했어요. 제가 레즈비언일지도 모른다는 걸 받아들일 수는 있지만, 저는 친구들이 저희 관계를 알게 될까봐 걱정되고 두렵습니다. 그런데 제 여자 친구는 남들 시선을 너무 의식 안 해요. 복도에서도 손을 잡고 볼에 뽀뽀까지 할 지경입니다. 지하철에서도 제 무릎에 앉거나 무릎을 만지거나 하는 식이에요. 그 친구는 제가 너무 좋아서 그런 거라고 하고 저도 그게 막 싫은건 아닌데, 저는 이런 게 너무 어색하고 다른 사람들 시선도 신경 쓰여요. 아무리 그래도 제 의사는 묻지도 않고 매번 이렇게 스킨십을 해대니 화도 나고 그러는데 이럴 때는 어떻게 해야 모르겠습니다.

상담의 포인트

수정이는 동성 교제를 하고 있다는 사실을 드러내지 않으려고 합니다.

그렇다면 교제하는 상대방이 이런 마음을 살피지 않고, 두 사람이 교제하는 중으로 보일 법한 행동들을 아무 때나 해서는 안 되겠지요. 수정이가 교제 관계가 드러날 것에 대해 지나친 불안감을 갖고 있다면 이를 극복하는 과정도 필요하겠지만, 그동안 학생의 마음을 누구보다 잘 배려하고 기다려줘야 할 사람은 현재 교제 중인 상대방입니다. 대화를 통해서 서로가 원하는 방식의 교제가 무엇인지, 불편하게 다가오는 부분들은 무엇인지 소통하고 조금씩 맞춰갈 수 있다고 알려주세요.

스킨십을 할 때에는 상대방의 의사를 더 존중해야 합니다. 상대방이 수정이의 의사에 반해서 일방적으로 스킨십을 한다면 이는 잘못된 행동입니다. 수정이가 원치 않는 상황에서 스킨십을 할 때 어떤 기분이 드는지 여자 친구에게 표현하고 자기 의사를 존중해달라고 적극적으로 요구하도록 조언해 주세요.

부록

1. 참고할 만한 책

단체 발간 자료

〈교사들이 반드시 알고 있어야 할 청소년 성소수자들의 인권이야기〉,
동성애자인권연대, 2010
성정체성을 고민하거나 성정체성 때문에 학교 현장에서 위험에 노출되어
있는 청소년들을 상담할 때 필요한 정보를 자세히 알려준다. 특히 청소년
성적소수자 5명의 삶과 고민을 그들의 목소리로 그대로 담았다.

〈동성애자와 트랜스젠더 부모들이 알고 싶어 하는 37가지 질문〉,
한국성적소수자문화인권센터, 2007
동성애자와 트랜스젠더를 자녀로 둔 부모들이 알고 싶어 하는 성적 지향과
성별 정체성에 관한 정보를 문답식으로 쉽게 풀어 썼다. 동성애자와 트랜스
젠더에 대한 오해나 궁금증을 풀 수 있어 교사들에게도 도움이 된다. 성적
소수자의 형제와 친구, 동료들이 자주 하는 질문과 답변도 함께 실려 있다.

〈동성애혐오성 괴롭힘 없는 학교〉, 유네스코한국위원회, 2013
모두에게 안전한 학교를 위한 유네스코 가이드북. 유네스코가 2012년 발간
한 가이드북을 '무지개행동 이반스쿨팀'이 번역했다. 유네스코는 동성애혐

오성 괴롭힘을 모두를 위한 교육을 실현하는 데 걸림돌 중의 하나로 지적하며 각국의 정부가 동성애혐오성 괴롭힘을 근절함으로써 모든 학생들에 대해 양질의 교육을 보장할 것을 요구한다.

〈무지개 수첩〉, 한국성적소수자문화인권센터, 2013
2007년부터 2012년까지 6년간 청소년 성적소수자를 위한 거리이동 상담 사업을 진행한 경험을 바탕으로 만든 성적소수자 인권감수성 향상을 위한 프로그램 가이드북. 청소년들과 함께할 수 있는 판넬 제작과 운영 방법, 청소년 상담가들이 궁금해 하는 12개의 질문에 대한 답변을 정리해 놓았다.

〈선생님, 저 동성애자인 거 같아요!〉,
한국게이인권운동단체 친구사이, 2005
청소년 동성애자 인권을 위한 교사지침서. 동성애에 관한 기초적인 내용을 설명하고 학교에서 크고 작은 폭력에 노출되어 있거나 어려움을 겪고 있는 동성애자 또는 성정체성을 고민하는 학생들을 위하여 일선 선생님들이 할 수 있는 구체적인 실천 방법을 제공한다. 친구사이 홈페이지(http://chingusai.net)에서 내려받을 수 있다.

〈성적소수자에 대한 인권 교육 프로그램 개발 및 매뉴얼 발간 프로젝트〉,
한국성적소수자문화인권센터, 2005
성적소수자에 대한 인권 교육 프로그램 안내서. 양질의 인권 교육을 시행하기 위한 다양한 프로그램과 믿고 참고할 만한 자료를 제공한다. 프로그램의 일부는 이 책의 부록에 실었다.

〈어렵지 않게 시작하는 성소수자 인권교육 꾸러미〉,
동성애자인권연대, 2013
성적소수자 인권 교육의 어려움을 덜기 위한 교육 자료. 남성성과 여성성 또는 정상성과 비정상성에 대해 물음을 제기하는 교육 프로그램, 다양한 가족 구성과 동성 결혼을 생각해 볼 수 있는 꼭지 등을 담았다. 동성애자인권연대 홈페이지(http://www.lgbtpride.or.kr)에서 파일을 내려받을 수 있다.

〈작은 무지개들의 비밀 일기〉, 동성애자인권연대, 2012
청소년 성적소수자 20명의 이야기를 담은 인터뷰집. 청소년 성적소수자들의 현실과 고민, 사랑과 삶 등을 생생한 목소리로 들을 수 있다. 청소년들이 직접 다른 청소년들을 인터뷰했다.

〈트랜스로드맵〉, 공익인권변호사모임 희망을만드는법 외, 2013
트랜스젠더 당사자와 관계 공무원, 기관 들을 대상으로 '성별 변경 정보', '의료 정보' 등 트랜스젠더와 관련한 정보와 인권 보장을 위한 길잡이를 제공하는 책. '성적다양성을위한성적소수자모임 다씨'와 '공익인권변호사모임 희망을만드는법'이 공동 제작했고, 트랜스로드맵 웹사이트(http://transroadmap.net)에서 파일을 내려받거나 수시로 업데이트한 전자책을 열

람할 수 있다. 책을 우편으로 받고 싶으면 한국성적소수자문화인권센터로 신청하면 된다.

성적 지향 및 성별 정체성 관련 자료

《3×FTM》, 성적소수문화 환경을 위한 모임 연분홍치마 지음, 그린비, 2008
FTM 트랜스젠더 세 명의 이야기를 엮은 다큐멘터리북. 생물학적으로 여성이었지만 남성으로서 정체성을 가지고 살아가는 사람들의 현실을 육성으로 만날 수 있다. 트랜스젠더의 삶과 경험을 이해하는 데 많은 도움을 준다.

《게이 컬처 홀릭》, 한국게이인권운동단체 친구사이 지음, 씨네21북스, 2011
영화, 드라마, 소설, 음악 등을 통해 게이 문화를 안내하고, 게이로 살아가는 모습과 의미에 대해서 잡지와 같은 형식으로 전달하는 책. 남성 동성애자로서의 삶과 동성애 문화에 대해 이야기를 나눌 때 유용한 자료로 쓸 수 있다.

《나는 게이라서 행복하다》, 김조광수 · 김도혜 지음, 알마, 2012
커밍아웃한 영화 제작자이자 영화감독인 김조광수가 게이로서 자신의 삶과 인권에 관해 유쾌하게 인터뷰한 내용을 담았다.

《남성성과 젠더》, 권김현영 외 지음, 자음과모음, 2011
과거에서 현재까지의 성 담론에서 기존의 젠더 이분법의 잣대로 그려진 남성성을 들여다보고, 그 속에서 성적소수자들을 포함한 젠더 개념을 폭넓게 아우를 수 있는 방안을 살핀다. 비규범적·비정상적이라는 이유로 남자다움에서 제외된 이들의 남성성을 보여 준다.

《네 머리에 꽃을 달아라》, 김비 지음, 삼인, 2011
MTF 트랜스젠더 작가가 쓴 자서전. 남성으로 태어나 남자로 살기 위해 노력했지만 자신의 진정한 모습을 가둘 수 없어 정체성을 찾아나가게 된 사연과 트랜스젠더로서 살아가는 모습을 담았다. 트랜스젠더의 삶을 이해하는 데 도움을 준다.

《동성애》, 공자그 드 라로크 지음, 정재곤 옮김, 웅진지식하우스, 2007
상식을 뒤흔드는 지식 문답을 담은 〈고정관념Q〉 시리즈 가운데 동성애를 다룬 책. 커밍아웃한 전문의이자 라디오 진행자인 저자가 동성애의 원인, 동성애자의 생활과 사회의 수용에 관한 고정관념이 담긴 질문 19개를 뽑아 그 유래와 문제점, 사실을 쉽게 설명한다.

《동성애의 심리학》, 윤가현 지음, 학지사, 1997
전남대 심리학 교수인 저자가 학문적 관점에서 동성애를 정리한 책. 동성애에 대한 기초적인 내용과 문화·과학적 측면, 동성애 원인론, 차별과 편견 등 다양한 내용에 관한 학술적 연구를 쉽게 설명하고 정리했다.

《동성애의 역사》. 플로랑스 타마뉴 지음, 이상빈 옮김, 이마고, 2007
중세 시대부터 현대까지 유럽을 중심으로 동성애와 관련한 태도와 현상을
그린 책. 특히 그림과 사진, 영화 등 다양한 예술작품과 이미지를 통해 동성
애를 다루고 있어 흥미롭게 접근할 수 있다.

《못 생긴 트랜스젠더 김비 이야기》. 김비 지음, 오상, 2001
트랜스젠더로서의 자신의 삶에 대한 이야기와 더불어 트랜스젠더를 이해하
기 위한 정보를 정리했다. 지금은 절판되었으므로 도서관에서 볼 수 있다.

《성적 다양성, 두렵거나 혹은 모르거나》,
바네사 베어드 지음, 김고연주 옮김, 이후, 2007
성적 다양성 측면에서 성적소수자를 바라본 책. 성적소수자 억압의 원인과
그들이 겪는 문제들, 성적 다양성의 역사와 문화와 그것에 대한 다양한 문
화권에서의 태도. 관련 용어 등을 흥미롭게 소개한다.

《역사 속의 성적소수자》, 케빈 제닝스 엮음, 김길님 옮김, 이연문화, 1999
현대 이전의 성적소수자부터 근대의 성적소수자 운동의 출현, 현재의 싸움
까지 다루고 있는 책이다. 그리스·로마시대의 성적 관용, 유교문화권 전통
에서의 성적소수자, 인디언 문화 속의 성적소수자 등 다양한 문화권의 성적
소수자의 모습을 보여주고 성적소수자 운동의 주요한 흐름을 보여준다.

《진화의 무지개》, 조안 러프가든 지음, 노태복 옮김, 뿌리와이파리, 2010
미국 스탠포드대 생물학 교수이자 성전환 여성인 저자가 성적 다양성을 진화생물학적 관점에서 밝힌 책. 성적 지향과 성별 정체성의 다양성을 생물학과 진화론의 관점에서 알기 쉽게 설명했다.

《커밍아웃 프롬 더 클로젯》, 김준자 지음, 화남출판사, 2010
성적소수자 사연을 모아 엮은 책. 가족에게 커밍아웃 했을 때 가족들의 반응들, 가족이나 친구 등 주변 사람이 성적소수자일 때 가질 수 있는 태도 등을 담고 있다.

《Is It Choice?》, 에릭 마커스 지음, 컴투게더 옮김, 박영률출판사, 2006
미국 저널리스트인 저자가 동성애에 대해 자주 묻는 일반적인 질문들을 문답식으로 구성한 책. 커밍아웃, 가족과 자녀, 직장, 동성애자에 대한 차별과 폭력, 종교, 교육, 에이즈 등 20개의 주제를 자세히 설명한다.

청소년 성적소수자 관련 자료

《10대의 섹스, 유쾌한 섹슈얼리티》, 변혜정 외, 동녘, 2010
십대의 성을 '문제'가 아닌 '문화'로 보고, 섹슈얼리티의 창으로 소통하고자 유쾌한섹슈얼리티인권센터가 기획한 책. 십대들이 안전하고 즐겁고 행복하게 성을 누리는 성적 주체로 성장하도록 돕는다.

《난 그것만 생각해》, 카림 르수니 드미뉴 지음, 김혜영 옮김, 검둥소, 2011
성정체성을 고민하는 열다섯 살 소년을 주인공의 좌충우돌 성장을 담은 소설. 커밍아웃, 아웃팅, 동성애 혐오 등 성정체성에 대한 다양한 이슈를 함께 다루고 있다. 자신이 누구인지, 자신이 어떤 사람을 사랑하는지, 그리고 스스로 어떻게 살아가야 할지 등 청소년의 고민을 유쾌하게 풀어낸다.

《내 마음의 애니》, 낸시 가든 지음, 이순미 옮김, 보물창고, 2013
서로 사랑하는 두 소녀가 동성애를 억압하는 환경 속에서 겪는 고난과 갈등, 성장을 담은 청소년 소설. 동성을 사랑하는 사람들에게는 자신감과 용기를 주고, 그들을 지켜보는 사람들에게는 나와 다른 소수자들을 따뜻하고 건강한 시선으로 보듬어 줄 수 있는 이해심을 심어 준다.

《루나》, 줄리 앤 피터스 지음, 정소연 옮김, 궁리, 2010
'리엄'이라는 이름을 갖고 있지만 밤에는 진정한 자아인 '루나'라는 이름으로 살아가는 트랜스젠더 여성을 통해 성별 정체성으로 고민하는 청소년의 삶과 꿈을 그린 성장소설. 자신의 진짜 모습을 찾고자 하는 주인공의 용기와 그 모습을 받아들이기 위한 가족의 고투를 현실적으로 풀어 간다.

《앰 아이 블루?》, 메리언 데인 바우어 외 지음, 조응주 옮김, 낭기열라, 2005
십대 성적소수자를 다룬 13편의 단편소설 모음집. 어려운 주제를 재미있게 풀어 내어, 성적소수자의 삶과 그들에 대한 인식을 돌아보는 데 도움을 준다.

《청소년 성소수자의 생활실태 조사》,

강병철 · 김지혜 지음, 한국청소년개발원, 2006

청소년 성적소수자에 대한 이론적 연구와 선행 연구들을 꼼꼼하게 소개한
논문. 한국 청소년 성적소수자들에 대한 양적 · 질적 조사를 통해 그들이 겪
는 차별과 폭력, 어려움 등을 체계적으로 밝혔다.

성적소수자 인권 관련 자료

《국가인권정책기본계획 수립을 위한 성적소수자 인권 기초현황조사》,

조여울 외 지음, 국가인권위원회, 2005

국가인권위원회 연구 용역 보고서. 다양한 사례와 국내외 법제도를 통해 성
적소수자 인권 현황을 체계적으로 정리하고 있어 전반적인 내용을 파악하
는 데 도움이 된다. 국가인권위원회 홈페이지에서 내려받을 수 있다.

《다르게 사는 사람들》, 윤수종 엮음, 이학사, 2002

계간지 〈진보평론〉의 '발언대'라는 꼭지를 통해 소개되었던 소수자들의 목
소리를 다듬어 엮은 책. '정상'과 '비정상'을 가르는 관점의 문제점에 대해
트랜스젠더, 레즈비언뿐만 아니라 다양한 소수자들의 직접적인 목소리를
담아 생각할 거리를 준다.

《불편해도 괜찮아》, 국가인권위원회 기획, 김두식 지음, 창비, 2010

80여 편의 영화와 드라마, 다큐멘터리를 인용해 다양한 인권 문제를 이야기한 책. 성적소수자 인권을 다룬 꼭지에서는 드라마 〈인생은 아름다워〉와 영화 〈번지점프를 하다〉 등을 통해 알기 쉽고 설득력 있게 성적소수자 인권을 보장해야 하는 이유를 알려 준다.

《브라보 게이 라이프》, 정욜 지음, 나름북스, 2011
4명의 게이가 사는 모습을 담은 다큐멘터리 〈종로의 기적〉의 주인공이자 동성애자 인권 단체에서 활동하는 저자가 성적소수자의 삶과 인권, 에이즈에 대한 이야기를 진솔하게 풀어낸 책. 동성애자로서의 개인적 삶이 성적소수자에 대한 사회적 태도나 환경과 동떨어질 수 없음을 보여 준다.

《성서가 말하는 동성애》, 다니엘 A. 헬미니악 지음, 김강일 옮김, 해울, 2003
심리학 교수인 저자가 동성애와 관련한 성서 원문의 해석을 비판적으로 살펴보는 책. 성서에 근거한 동성애 혐오가 하느님이 하고자 한 말씀이 아니라 이성애 중심적으로 성서를 해석한 결과라는 것을 논증한다.

《성적소수자의 인권》, 한인섭 외 지음, 사람생각, 2002
서울대 공익인권법연구센터가 성적소수자의 인권을 주제로 개최한 2001년 학술대회의 발표문과 법사회학적 쟁점 등을 정리한 논문으로 트랜스젠더, 동성애자의 파트너십 등에 관한 연구 결과를 담았다.

《섹슈얼리티와 법》, 이준일 지음, 세창출판사, 2009
고려대 법학전문대학원 헌법학 교수인 저자가 동성애자와 트랜스젠더를 둘
러싼 법적 쟁점과 국내외의 제도적 현황을 다룬 책. 성적소수자와 관련한
법적 이슈를 살펴보는 데 많은 도움이 된다.

《섹스 앤 더 처치》, 캐시 루디 지음, 박광호 옮김, 한울아카데미, 2012
기독교 신학과 윤리학, 페미니즘, 퀴어 이론, 동성애자 공동체에 관한 연구
를 바탕으로 하여 대안적인 기독교 윤리를 제시하는 책. 미국을 중심으로
기독교 우파의 가정 예찬과 동성애 혐오, 그 이면의 신학과 정서를 파헤치
면서 동시에 기독교와 동성애, 젠더에 대한 통찰을 보여 준다.

《하느님과 만난 동성애》, 슘 프로젝트 엮음, 한울, 2010
차별없는세상을위한기독인연대, 향린교회여성인권소모임, LGBT평신도네
트워크에서 활동하는 뜻있는 몇몇 기독교인들과 한국성적소수자문화인권
센터가 함께 꾸린 프로젝트 모임이 펴낸 책. 동성애자 기독교인들의 진심
어린 고백과 동성애 혐오·차별에 반대하는 사람들의 냉철한 목소리를 담
았다.

《하늘을 듣는다》, 윤가브리엘 지음, 사람생각, 2010
동성애자이며 에이즈 인권 활동가인 윤가브리엘의 자전적 수필을 엮은 책.
가난과 냉대 속에서 어린 시절부터 성정체성에 대한 고민과 고통, HIV 감염

과 에이즈 인권 활동가로서의 활동 등을 노래 이야기와 함께 담고 있다. 마지막 7장에서는 에이즈에 대한 올바른 정보를 문답 형식으로 풀어낸다.

《후천성 인권 결핍 사회를 아웃팅하다》,
지승호 · 동성애자인권연대 지음, 시대의창, 2011
인터뷰어 지승호가 동성애자인권연대 회원들과 인터뷰를 통해 미디어, 종교, 군대, 청소년, 에이즈, 가족, 동성애 운동이라는 일곱 가지 주제를 가지고 한국 사회의 성적소수자에 대한 차별과 폭력, 혐오와 편견을 생생한 육성으로 전달하는 책이다.

2. 참고할 만한 영화

국내

〈3xFTM〉, 김일란 연출, 2008
3명의 FTM 트랜스젠더를 주인공으로 한 다큐멘터리. 트랜스젠더로서의 정체성과 삶을 다뤄 그들을 이해하는 데 도움이 된다.

〈두 번의 결혼식과 한 번의 장례식〉, 김조광수 연출, 2012
결혼 압박을 받던 게이와 레즈비언의 위장 결혼을 둘러싼 상황들을 익살스

럽게 담은 영화. 한국 게이 커뮤니티의 실제 모습과 동성애자들의 성장담을
들여다볼 수 있다.

〈별별 이야기 2〉, 박용제 외 연출, 2007
국가인권위원회가 제작한 인권 애니메이션. 여섯 작품 ㄴ중 박용제 감독의
〈거짓말〉은 동성애자의 '위장 결혼'을 소재로 동성애자의 삶을 다룬다.

〈아웃〉, 여성영상집단 움 연출, 2007
이반 검열의 두 번째 이야기. 성정체성을 고민하는 3명의 십대 레즈비언들
이 직접 찍은 3편의 옴니버스 다큐멘터리. 아웃팅과 자퇴 그리고 학교에서
자신의 정체성을 숨길 수밖에 없는 현실을 그들의 입장에서 바라볼 수 있다.

〈이반 검열〉, 이영 연출, 2005
성정체성을 고민하는 학생 또는 동성애자인 것이 노출된 학생들이 학교에
서 겪는 폭력과 차별을 그린 다큐멘터리. 학교에서 성적소수자 학생들이 겪
을 수 있는 일상적 억압을 생생하게 볼 수 있다.

〈종로의 기적〉, 이혁상 연출, 2010
영화감독, 단체 활동가, 요리사, 회사원 등으로 살아가는 4명의 남성 동성애
자의 삶을 다룬 다큐멘터리이다. 동시대를 살아가는 동성애자의 고민과 현
실, 기쁨과 슬픔을 접하며 동성애자의 삶에 대해 이해를 높일 수 있다.

〈친구사이?〉, 김조광수 연출, 2009

한 20대 동성애자가 군에 입대한 애인을 면회하러 가면서 벌어지는 해프닝을 다룬 단편영화. 가족과의 관계에 대한 고민과 함께 동성애자의 풋풋한 사랑을 다루고 있어 부담 없이 즐길 수 있는 퀴어 영화이다.

〈후회하지 않아〉, 이송희일 감독, 2006

고아원 출신과 기업 후계자라는 계급이 다른 두 남자의 사랑을 그린 멜로 영화. 독립 영화로 제작되었지만 관객과 평단의 호응을 얻었다. 한국에서 처음으로 커밍아웃한 남성 동성애자 감독의 첫 장편영화이다.

해외

〈결혼 피로연〉, 리안 연출, 미국 · 대만, 1993

〈와호장룡〉 등으로 유명한 리안 감독의 두 번째 영화로 뉴욕에 거주하는 중국인들의 삶을 다룬다. 동성애와 계약 결혼, 아버지 세대와 자식 세대의 갈등이라는 다양한 주제를 담고 있어서 동성애에 대해 쉽게 접근할 수 있다.

〈나의 장밋빛 인생〉, 알랭 베를리네 연출, 프랑스 · 벨기에 · 영국, 1997

성정체성 때문에 벌어지는 갈등과 화해 그리고 이해를 코미디로 풀어낸 영화. 여자로 태어날 운명이었지만 하느님의 실수로 남자로 태어난 어린아이를 주인공으로 트랜스젠더가 어린 시절에 겪는 일화를 감동적으로 그린다.

〈더 월 2〉, 제인 앤더슨 외 연출, 미국, 2000

1961년, 1972년, 2000년을 살아가는 레즈비언 커플의 모습을 담은 옴니버스 영화. 각 시대마다 여성 동성애자들이 겪는 삶의 문제를 현실감 있게 그려내면서 여성으로서의 삶과 동성애자로서의 삶에 대해 질문을 던진다.

〈메종 드 히미코〉, 이누도 잇신 연출, 일본, 2005

게이 실버타운 '메종 드 히미코'에 사는 서로 다른 개성과 사연을 간직한 사람들의 모습을 그린 영화. 오래전 가족을 떠난 게이 아버지를 찾아 메종 드 히미코에 온 아들이 아버지와 만나 공감해 가는 모습을 담았다. 대중적으로도 성공한 작품으로 성적소수자에 대해 접근하기 좋은 영화이다.

〈밀크〉, 구스 반 산트 연출, 미국, 2008

미국에서 최초로 커밍아웃한 게이 시의원 하비 밀크의 일대기를 담은 극영화. 미국 성적소수자들의 인권 운동과 그들의 싸움과 고민, 사랑을 들여다볼 수 있다. 제81회 아카데미 남우주연상, 각본상을 수상했다.

〈브로크백 마운틴〉, 리안 연출, 미국, 2005

20년에 걸친 두 카우보이의 사랑을 담은 영화. 동성애에 대해 보수적인 환경 속에서 피어난 슬픈 사랑을 그렸다. 아름다운 영상과 음악과 함께 가슴 아픈 사랑을 보편적인 시각으로 보여 준다. 제78회 아카데미 감독상, 각색상, 음악상을 수상했다.

〈에브리바디 올라잇〉, 리사 촐로덴코 연출, 미국, 2010

레즈비언 커플이 정자를 기증받아 낳은 아이들과 함께 살아가는 모습을 담은 영화, 아이들이 정자 기증자인 남자를 찾아가면서 벌어지는 에피소드를 즐겁게 그려냈다. 동성애자 가족의 모습과 현실을 재미있게 들여다볼 수 있다. 줄리언 무어, 아네트 베닝 등 명배우들의 연기를 보는 재미도 크다.

〈인 앤 아웃〉, 프랭크 오즈 연출, 미국, 1997

시골의 인기 있는 남자 문학 선생님이 결혼을 앞두고 본의 아니게 게이라는 사실이 알려지면서 벌어지는 해프닝을 담은 코미디. 마을공동체 속에서 벌어지는 게이를 둘러싼 이야기를 코믹하게 전해 준다.

〈트랜스 아메리카〉, 던컨 터커 연출, 미국, 2005

여성으로 성전환한 트랜스젠더가 과거에 여자 친구와의 사이에서 낳은 아들이 감옥에 갇혔다는 소식을 듣고 아들을 찾아가 만나면서 벌어지는 모습을 흥미롭게 그린 영화. 트랜스젠더의 삶과 관계에 대한 이해를 돕는다.

〈헤드윅〉, 존 카메론 미첼 감독, 미국, 2001

음악과 자유를 동경하던 동독 소년이 미국으로 가려고 '여자'가 되기 위한 성전환 수술을 하지만 실패하고 난 후 미국으로 건너와 '헤드윅 앤 앵그리 인치'라는 록그룹 활동을 하는 모습을 그렸다. 한국에서도 유명 배우들이 출연한 록뮤지컬 공연으로 많은 인기를 끌었다.

3. 관련 단체

공익인권변호사모임 희망을만드는법

2012년 2월 창립한 비영리 전업 공익인권변호사 단체. 성적 지향 및 성별 정체성과 관련한 법과 정책적 활동을 중요 활동 영역 중 하나로 삼는다. 학생인권조례나 성적소수자의 법적 현실에 대한 자문과 성적소수자 차별과 인권침해에 관한 구제에 대해서 도움을 받을 수 있다.

홈페이지 http://hopeandlaw.org **전자우편** hope@hopeandlaw.org

전화 02-364-1210 **팩스** 02-364-1209

동성애자인권연대

1997년 대학동성애자인권연합으로 출발해 지금까지 왕성한 활동을 하고 있는 대표적인 성적소수자 인권 단체. 사범대 예비교사들을 대상으로 청소년 성정체성에 관한 교육 및 상담 활동을 펼친다. 〈교사들이 반드시 알고 있어야 할 청소년 성소수자들의 인권이야기〉 등을 발간했다.

홈페이지 http://www.lgbtpride.or.kr **전자우편** lgbtpride@empal.com

전화 070-7592-9984 **팩스** 0505-955-9984

별의별상담연구소

성적 지향 및 성별 정체성 때문에 상담을 받기 어려웠던 LGBT를 위해 2012년에 설립된 전문 심리 상담 공간. 동성애자, 양성애자, 트랜스젠더 당사자뿐 아니라 그들의 부모, 형제와 지인을 위한 폭넓고 심도 깊은 상담이 가능하다. 상담 신청과 문의는 홈페이지를 통해서나 메일로 가능하다.

홈페이지 http://878878.net 전자우편 878878@daum.net 전화 02-743-8081

한국게이인권운동단체 친구사이

1993년 게이, 레즈비언들이 함께 결성한 〈초동회〉를 모태로, 1994년 2월에 창립된 한국 최초의 성적소수자 인권 운동 단체. 게이의 인권을 보호하고 성적소수자에 대한 차별이 없는 사회를 위한 홍보·문화·교육·학술·상담 활동을 한다. 청소년 동성애자 인권을 위한 교사지침서인 〈선생님, 저 동성애자인 거 같아요!〉 등을 발간했다.

홈페이지 http://chingusai.net 전자우편 chingu@chingusai.net

전화 02-745-7942 팩스 02-744-7916

한국레즈비언상담소

1994년 〈한국여성동성애자인권운동모임 끼리끼리〉라는 이름으로 한국 사회 첫 레즈비언 독자 조직으로서의 문을 연 뒤, 레즈비언들의 다채로운 삶과 고민으로부터 구체적인 실천들을 만들어가는 여성 이반 권리 운동 단체. 레즈비언 관련 상담 사례와 자료를 잘 축적하고 있으며, 동성애 관련 상담가 양성 과정을 진행한다.

홈페이지 http://lsangdam.org 전자우편 lsangdam@hanmail.net

전화 02-703-542 팩스 02-703-3543

한국성적소수자문화인권센터

퀴어 전문지 〈버디〉를 시작으로 국내외의 퀴어 활동가들이 모여 만든 단체. 성적소수자들의 인권 증진과 문화에 대해 연구하고 실천하는 곳으로 많은 관련 문헌과 영상 자료들을 갖추고 있다. 〈동성애자와 트랜스젠더 부모들이 알고 싶어 하는 37가지 질문〉 등을 발간했다.

홈페이지 http://www.kscrc.org 전자우편 kscrcmember@naver.com

전화 0505-896-8080 팩스 0505-897-8080

한국성폭력상담소

1991년 4월 문을 연 이후로 성폭력 피해에 대한 상담과 지원 활동을 한다. 성폭력의 원인 및 대책을 연구하고, 이를 토대로 인간중심적인 성문화의 정착과 여성의 인권 회복을 위한 활동도 한다. 성적소수자와 관련한 성폭력에 대하여 자문, 조언을 구할 수 있다.

홈페이지 http://www.sisters.or.kr 전자우편 ksvrc@sisters.or.kr

전화 02-338-2890 팩스 02-338-7122